O ROMANTISMO E O BELO MUSICAL

FUNDAÇÃO EDITORA DA UNESP

Presidente do Conselho Curador
Mário Sérgio Vasconcelos

Diretor-Presidente
José Castilho Marques Neto

Editor Executivo
Jézio Hernani Bomfim Gutierre

Conselho Editorial Acadêmico
Alberto Tsuyoshi Ikeda
Áureo Busetto
Célia Aparecida Ferreira Tolentino
Eda Maria Góes
Elisabete Maniglia
Elisabeth Criscuolo Urbinati
Ildeberto Muniz de Almeida
Maria de Lourdes Ortiz Gandini Baldan
Nilson Ghirardello
Vicente Pleitez

Editores Assistentes
Anderson Nobara
Jorge Pereira Filho

MÁRIO VIDEIRA

O ROMANTISMO E O BELO MUSICAL

© 2006 Editora Unesp

Direitos de publicação reservados à:
Fundação Editora da Unesp (FEU)
Praça da Sé, 108
01001-900 – São Paulo – SP
Tel.: (0xx11) 3242-7171
Fax: (0xx11) 3242-7172
www.editoraunesp.com.br
www.livrariaunesp.com.br
feu@editora.unesp.br

CIP – Brasil. Catalogação na fonte
Sindicato Nacional dos Editores de Livros, RJ

V694r

Videira, Mário
    O romantismo e o belo musical / Mário Videira. - São Paulo: Ed. Unesp, 2006

    Inclui bibliografia
    ISBN 85-7139-706-6

    1. Hanslick, Eduard, 1825-1904.   2. Romantismo na música. 3. Música - Filosofia e estética.   I. Título.

06-3637.   CDD 780.1
                                                CDU 78.01
                                                  016472

Este livro é publicado pelo projeto *Edição de Textos de Docentes e Pós-Graduados da Unesp* – Pró-Reitoria de Pós-Graduação da Unesp (PROPG) / Fundação Editora da Unesp (FEU)

Editora afiliada:

Asociación de Editoriales Universitarias de América Latina y el Caribe   Associação Brasileira de Editoras Universitárias

Para Roger Lisardo e Lua Nogueira.

Agradecimentos

À Profª Drª Lia Tomás, pela confiança, pelos valiosos incentivos acadêmicos, pela enorme generosidade e, sobretudo, pela indispensável seriedade e rigor na orientação, não posso deixar de manifestar minha enorme gratidão, admiração e amizade.

Aos professores Dr. Marco Aurélio Werle (FFLCH-USP) e Drª Yara Caznók (IA-Unesp), por aceitarem fazer parte da banca examinadora e pelas valiosas sugestões apresentadas por ocasião do exame de qualificação.

Aos professores Catherine Dubeau, Elisabeth K. Pace e J. P. Burkhold, pelo envio de seus trabalhos de pesquisa, e também às professoras Drª Ora F. Saloman e Ghyslaine Guertin, pelas indicações bibliográficas e pela atenção dispensada.

Aos amigos e colegas que de alguma forma contribuíram para a realização deste trabalho: Adriano Gado, André Ricardo de Souza, Ângela Pedral, Antenor Ferreira, Fabiana Martins, Íris Araújo, Leonardo Martinelli, Lua Nogueira, Marcos Aragoni, Maria Cristina B. Silva, Maurício Valer, Rafael Andrade, Rodolfo Valente, Roger Lisardo, Tamara Silvestre, Tatiana Aguiar e Thiago Rodrigues.

Aos amigos Yuri Pingo e Rita Fonseca, por terem me substituído durante um semestre letivo nas minhas atividades como pianista acompanhador, e sem cujo auxílio teria sido impossível cursar as disciplinas obrigatórias.

À querida Viviane Louro, por todos esses anos de amizade e pelo apoio (inclusive emocional) indispensável em todos os momentos.

A Regina Ronca, com quem aprendi as primeiras palavras do idioma alemão, pelo auxílio nas traduções, pela generosidade e amizade.

A meus irmãos, Rafael e Renato, por suportarem minha desorganização e mau humor, meu muito obrigado (e minhas desculpas).

E finalmente, aos meus pais, Geni e Mário, por tudo.

Música se faz com notas. Não com sentimentos. Com sentimentos nunca ouvi música de boa cepa ter sido construída. Com as notas! Com o que as relações entre elas dizem. [...] Quanto aos sentimentos, sintam à vontade, mas não façam disso a tradução de uma língua que, na maioria das vezes, nem sequer conhecem, quanto mais a dominá-la! Sentimento não é tradução de um trabalho musical. Com sentimentos nunca ouvi música de boa qualidade, feita com rigor. [...] Música se faz com estruturas, com a troca de informações entre os elementos componentes em uma multiplicidade de vias possíveis para manifestar as informações dos parâmetros musicais. Música se edifica com informações.

Willy Corrêa de Oliveira

OBSERVAÇÕES PRELIMINARES

Edições:

Salvo indicação contrária, utilizamos a seguinte edição do ensaio *Do belo musical:*

HANSLICK, E. *Vom musikalisch-Schönen: Ein Beitrag zur Revision der Ästhetik der Tonkunst.* Darmstadt: Wissenschaftliche Buchgesellschaft, 1973 (Fac-símile da 1ª. edição de 1854).

Indicação das citações do texto principal:

Para as citações em português, apoiamo-nos principalmente na tradução portuguesa[1] do ensaio:

HANSLICK, E. *Do belo musical.* Trad. A. Morão. Lisboa: Edições 70, 1994.

Algumas passagens serão citadas às vezes ligeiramente modificadas ou inteiramente refeitas; no entanto, sem indicação explícita das alterações efetuadas.

Para facilitar o cotejamento do texto original em alemão e da tradução mencionada, citaremos o ensaio da seguinte forma: sobrenome do autor, ano de publicação da edição alemã, página consultada;

---

1 A tradução brasileira (Hanslick, 1992) não foi utilizada devido aos inúmeros erros que contém.

ano de publicação da tradução portuguesa, página correspondente). Ex. (Hanslick, 1973, p.33; 1994, p.43).

Quanto aos demais textos, as citações serão feitas da maneira convencional, de acordo com o sistema autor-data, por exemplo: (Fubini, 1971, p.57); e as traduções, salvo indicação contrária (cf. referências bibliográficas), são de nossa responsabilidade.

Traduções:

Seguimos aqui o procedimento adotado por Werle na tradução dos *Cursos de estética*, de Hegel (cf. "nota do tradutor" In: Hegel, 2001, p.11-13). Dessa forma, no caso de emprego de um único termo em português para traduzir termos diferentes da língua alemã e onde, para uma adequada compreensão do texto, se apresentava a necessidade de marcar a distinção no original, optou-se por acrescentar os termos alemães entre colchetes: [ ]. Por exemplo, para distinguir entre a noção de "sentimento" [*Gefühl*] e *Empfindung* (que pode ser traduzido tanto por "sentimento" como por "sensação"). Da mesma maneira procedemos com o termo *Form*, que será sempre traduzido por Forma (com inicial maiúscula), para distingui-lo de *Gestalt* (forma, figura). Os termos *Inhalt* e *Gehalt* foram ambos traduzidos por "conteúdo", mas quando esse termo for a tradução de *Gehalt*, ele aparecerá com inicial maiúscula: "Conteúdo". Inversamente, quando nos referirmos ao termo *Inhalt*, a tradução aparecerá com inicial minúscula: "conteúdo". Werle observa que, em termos gerais, *Gehalt* designa um conteúdo em sentido mais amplo, um conteúdo impulsionado pelo estado do mundo sobre os indivíduos ou um conteúdo que a subjetividade do artista traz mediada consigo. Já *Inhalt* é o conteúdo geralmente tematizado no horizonte da relação forma [*Form*] e conteúdo [*Inhalt*] e pode designar qualquer conteúdo, no sentido de um conteúdo individual e particular. [...] *Gehalt* é um conteúdo que possui um determinado "teor", um conteúdo mediatizado, tanto que "teor" pode servir como opção de tradução para *Gehalt*. O problema desta tradução, porém, reside no fato de que um dos sentidos de "teor" é: "proporção, em um todo, de uma substância determinada" e, neste caso, não é sinônimo de "conteúdo" (ibidem, p.12-3).

Sumário

Prefácio 15
Introdução 17

Parte I
Aspectos da Estética Musical nos séculos XVIII e XIX 23

1 A música e o princípio de imitação da natureza
na estética francesa do século XVIII 25
2 A crítica francesa ao princípio de imitação 43
3 A doutrina dos afetos e a música como
representação dos sentimentos 57
4 A música em Kant e no pós-kantismo 65
5 A música em Hegel, Schopenhauer e Wagner 81

Parte II
Análise do ensaio *Do belo musical* 95

1 Esboço biográfico e breve trajetória intelectual
de Eduard Hanslick 97

2 Análise do Capítulo 1 – Os sentimentos não são
a finalidade [*Zweck*] da música   101
3 Análise do Capítulo 2 – Os sentimentos não são
o conteúdo da música   113
4 Análise do Capítulo 3 – O belo musical   123
5 Análise do Capítulo 4 – Análise da impressão
subjetiva da música   133
6 Análise do Capítulo 5 – A recepção estética perante
a recepção patológica da música   139
7 Análise do Capítulo 6 – As relações da música
com a natureza   147
8 Análise do Capítulo 7 – Os conceitos de
Forma e conteúdo   153

Parte III
Considerações finais   163

Referências bibliográficas   185

Prefácio

Pode a música instrumental representar algo? Caso possa, qual seria o significado dessa representação? Seria correto afirmar que esse gênero é dotado de uma capacidade imitativa e que, portanto, a expressão dos sentimentos é seu objetivo final? Entretanto, como explicar o fato de que pessoas diferentes, ouvindo uma mesma música, possam estabelecer relações distintas? O fato de um ouvinte qualquer não reconhecer na música instrumental um significado é suficiente para afirmar que ela não possua significado algum? E ainda: é necessário que a música instrumental tenha que significar?

Essas perguntas, aparentemente prosaicas, formam, de maneira sucinta, o conjunto de indagações que Eduard Hanslick, o conhecido crítico musical vienense, se dispôs a esclarecer em seu livro *Do belo musical*, cuja primeira edição data de 1854. Esse escrito polêmico despertou, em sua época, interesse não apenas no meio musical, mas também entre filósofos e estetas, pois a tese que Hanslick defendia procurava deslindar uma série de argumentos equivocados cujos fundamentos se encontram em um ponto de vista do senso comum. Em linhas gerais, o que o autor procurava desconstruir é a ideia de que o objetivo da música é a expressão de sentimentos – sejam esses individuais, sejam coletivos – e o seu conteúdo, a representação desses.

No livro *O romantismo e o belo musical*, Mário Videira opta por um caminho incomum ao reportar-se à obra de Hanslick, pois diferentemente de boa parte dos estudos, Mário não procura discutir as querelas posteriores à publicação da obra, tampouco mensurar as consequências trazidas; ao contrário, procura elucidar com precisão as bases históricas sobre as quais se assentam as afirmações feitas, bem como traçar o caminho dos pressupostos filosóficos usados por Hanslick em suas argumentações.

Tendo em vista que a área de Filosofia da Música é recente em nosso país e que se encontra em um momento de franca consolidação no meio acadêmico, este livro de Mário Videira vem contribuir em muito nessa etapa. Dotado de uma escrita rigorosa e fluida, *O romantismo e o belo musical* consegue aclarar os pontos cruciais do livro do crítico vienense sem cair nos equívocos das leituras mais usuais e apressadas, que insistem apenas no formalismo musical ou na incapacidade semântica da música. Afinal, assim como Hanslick, Mário Videira compartilha a ideia de que apenas "bons sentimentos e intenções" são qualidades insuficientes para a análise e construção de um possível significado da obra musical.

Assim, que os futuros leitores deste livro desfrutem de seu conteúdo e que possam observar que a não significação da música é porta de entrada para a experiência musical do século XX.

Lia Tomás

INTRODUÇÃO

"O efeito da música sobre o sentimento não tem [...] nem a *necessidade*, nem a *constância* nem, por fim, a *exclusividade* que um fenômeno deveria apresentar para conseguir fundamentar um princípio estético.*"* Com essa afirmação, publicada em seu ensaio *Do belo musical*, Eduard Hanslick (1973, p.9; 1994, p.20) abalou profundamente os alicerces da Estética Musical que se desenvolvia na Europa, em meados do século XIX: ao afirmar que o efeito da música sobre os sentimentos não é o objetivo da música, e que tampouco a representação deles constitui seu conteúdo, Hanslick estava desafiando não apenas o senso comum de outros críticos, músicos e estetas, mas estava colocando em questão, por assim dizer, as bases teóricas sobre as quais se assentava todo o pensamento estético-musical de sua época. Durante a vida de Hanslick, o ensaio teve dez edições,[1] despertando interesse não apenas no meio acadêmico musical, mas também no meio filosófico. Apesar de ser ainda, em certos aspectos, tributário do pensamento filosófico e literário do romantismo, Hanslick, ao defender a concepção segundo a qual as ideias musicais constituem um belo independente e esteticamente autônomo, inaugurou

---

1 Cf. verbete "Eduard Hanslick" In: *Ästhetik und Kunstphilosophie von der Antike bis zur Gegenwart*. Stuttgart: Kröner, 1998, p.357.

uma polêmica que perduraria por muitas décadas. De acordo com o musicólogo italiano Enrico Fubini (1995, p.104), por meio das teses defendidas no ensaio *Do belo musical*, Hanslick "coloca as bases do formalismo musical que tanta fortuna teve nas décadas seguintes, senão praticamente até os nossos dias".

A ideia de autonomização da obra de arte, que Hanslick procura aplicar ao âmbito específico da música, vinha desenvolvendo-se já há algum tempo no campo das artes plásticas: nesse sentido, os escritos de Karl Philipp Moritz (1756-1793) constituem-se num precedente de grande importância. Num artigo de 1788, intitulado "A marca do belo: até que ponto se pode descrever obras de arte?", ele afirma que "o belo não poderá jamais ser descrito de outra forma senão através dele mesmo", e que "as obras de arte plásticas são já a descrição mais perfeita de si mesmas, e não podem ser descritas novamente. Pois a descrição por meio dos contornos, seguramente, é já em si mesma mais significativa e mais determinada que qualquer descrição por meio de palavras". Moritz (1995, p.181-4) considera, ainda, que a descrição das "belezas de um poema", em lugar de lê--lo, ou a pretensão de "querer pintar por palavras" uma música, em vez de ouvi-la, é absolutamente "desprovida de finalidade". Para ele, a tarefa primordial da interpretação, mais importante do que as observações particulares, seria tornar compreensível *o contexto estrutural* da obra de arte.

Ao defender a ideia de que a obra de arte significa somente ela mesma, Moritz afirma que:

> Tão logo uma figura bela deva mostrar ou significar algo além dela mesma, ela aproxima-se do mero símbolo, no qual, assim como nas letras que escrevemos, o importante não é a autêntica beleza. A obra de arte, então, já não possui finalidade em si mesma, mas em direção ao exterior. *O verdadeiramente belo, não obstante, consiste em que uma coisa se signifique somente a si mesma, se compreenda a si mesma, seja um todo acabado em si mesma.* (Moritz apud Szondi, 1992, p.56-7) (grifos nossos)

Embora não possamos afirmar com certeza que Hanslick chegou a conhecer os escritos de Moritz, não podemos deixar de assinalar uma espantosa lucidez e a impressionante similaridade de pensamento presente – mais de cinquenta anos antes da publicação do ensaio *Do belo musical* – nos textos desse autor.

Ao trabalhar com a questão do belo em seu ensaio, Hanslick traz a sua contribuição a uma longa discussão que já vinha sendo travada no campo da Estética e da Filosofia da Arte. Sua originalidade, porém, está em transpor essas mesmas questões para o *plano específico da música*. Hanslick foi um dos pioneiros no estabelecimento de uma teoria estética musical autônoma com relação às outras artes: "Contra todo o movimento romântico que havia inspirado a unificação de todas as artes, [...] Hanslick afirma, já a partir do título, que existe uma beleza própria da música que não se identifica com os elementos da beleza das outras artes" (Fubini, 1971, p.139).

A questão que tratamos neste trabalho diz respeito à interlocução de Eduard Hanslick com algumas das principais doutrinas estéticas de seu tempo, pelo estudo de algumas das influências por ele sofridas, bem como dos conceitos filosóficos que fundamentam seu ensaio *Do belo musical*. Por meio da análise do texto, procuramos compreender de que maneira Hanslick empreende sua tarefa de resolver a questão que se havia proposto – qual seja, a de definir o *belo* especificamente musical –, bem como a originalidade com a qual ele leva a cabo esse intento.

Cabe ressaltar que a presente análise do ensaio *Do belo musical* utiliza o próprio texto como *guia* para a pesquisa, objetivando explicitar a articulação interna do texto, bem como a maneira pela qual Hanslick dialoga com escritos de outros autores de seu tempo e de que modo ele fundamenta suas críticas às doutrinas deles.

A utilização da metodologia aqui referida, no entanto, impõe certos limites à pesquisa. Assim, uma comparação crítica acerca das revisões e modificações do ensaio de Hanslick sofridas ao longo das diferentes edições publicadas durante a vida do autor, bem como o relacionamento de Hanslick com as descobertas científicas no campo da acústica e fisiologia – sobretudo de Helmholtz e Lotze – ou ainda uma eventual influência do formalismo herbartiano estão fora do âmbito deste trabalho.

20 MÁRIO VIDEIRA

Muitos comentadores têm ressaltado a importância histórica, e muito se tem escrito a respeito da "tese negativa" de Hanslick, na qual este afirma que os sentimentos não são o conteúdo nem o objeto da música. Tal afirmação foi alvo de diversas polêmicas, não somente em sua época, mas também nas décadas que se seguiram. Importantes musicólogos, como Enrico Fubini (1971, p.140), chegam até mesmo a afirmar que a parte *destruens* do ensaio de Hanslick prevalece claramente sobre a parte *construens*.[2] Conquanto a tese negativa seja importante e tenha influenciado o pensamento estético de diversos compositores do século XX, é certo que devemos nos debruçar também sobre sua tese positiva – a saber, a afirmação de que "formas sonoras em movimento" são o único e exclusivo conteúdo e objeto da música –, tese que deu origem à sua denominação como "formalista". Segundo Dahlhaus (1997, p.98), seria uma simplificação grosseira parafrasear essa tese dizendo que a música é apenas forma e nada mais. De fato, pensamos que seria indevida uma leitura do ensaio de Hanslick que, não atentando para as especificidades dos conceitos de Forma [*Form*], conteúdo [*Inhalt*] e Conteúdo [*Gehalt*], concluísse apenas por um formalismo exacerbado e avesso a tudo o que se possa denominar "sentimento". Conforme lembra Dahlhaus (1991, p.83), "a estética, a que seus adversários apuseram o rótulo de 'formalismo' e que, por isso, é suspeita de reduzir a música a um jogo vazio, sem nada dizer, deveria antes, se se tentasse fazer-lhe justiça, caracterizar--se como uma estética do *especificamente musical*".

Quanto à estrutura geral, o trabalho está dividido em três partes. Na primeira, intitulada "Aspectos da estética musical nos séculos XVIII e XIX", buscamos fornecer ao leitor um quadro geral dos principais problemas estéticos relacionados à música nesse período, sobretudo no que diz respeito à questão da imitação, da doutrina dos afetos e da posição da Música no âmbito das classificações hierár-

---

2 Também o autor da tradução portuguesa de *Do belo musical*, Artur Morão, afirma que: "o opúsculo de E. Hanslick [...] impõe-se sobretudo pela premência das questões que levanta, e não tanto pelas respostas que fornece" (In: Hanslick, 1994, p.10).

quicas das artes, mostrando como, por intermédio do conceito de *música absoluta*, a arte dos sons alcança, já no início do século XIX, a posição mais elevada no âmbito das artes em geral.

Em seguida, na segunda parte do trabalho, passamos à análise do ensaio *Do belo musical*, a fim de demarcar as distâncias que separam suas teses das de outros filósofos de sua época e de situar-nos diante da originalidade de seu ensaio. Dentre os pontos aqui escolhidos para repensar certos aspectos da estética de Hanslick estão os conceitos de belo, forma e conteúdo na música.

Finalmente, a terceira parte, dedicada às considerações finais, examina a posição peculiar de Eduard Hanslick como tributário da filosofia de seu tempo e da metafísica romântica da música instrumental e, ao mesmo tempo, como anunciador de questões presentes nos escritos teóricos de importantes compositores do século XX e da atualidade.

PARTE I

ASPECTOS DA ESTÉTICA MUSICAL NOS SÉCULOS XVIII E XIX

O objetivo último das misturas e combinações dos sons levadas a cabo pela arte é apossar-se do ânimo por meio das diferentes emoções assim suscitadas nos órgãos sensíveis do ouvido, manter ocupadas todas as suas forças e fomentar, pela purificação das paixões e dos afetos, o íntimo bem--estar do ânimo.

Cristoph Nichelmann (1755)

1
A MÚSICA E O PRINCÍPIO DE IMITAÇÃO DA NATUREZA NA ESTÉTICA FRANCESA DO SÉCULO XVIII

Durante todo o século XVIII, a imitação da natureza ocupou um lugar de destaque como princípio comum a todas as artes. Porém, conforme lembra Fubini (1971, p.24), "se o que se entende por imitação é mais ou menos claro quanto à pintura e à poesia, torna-se mais obscuro e nebuloso no que tange à música". E essa é a origem da acusação mais frequente dirigida às artes musicais: em razão de sua natureza autorreferencial e assemântica, a música instrumental era vista como uma arte menor, insignificante, incapaz de levar a termo o princípio imitativo comum às demais artes.

Cabe ressaltar que durante a maior parte desse período, a música executada em público e que gozava de verdadeiro prestígio era predominantemente vocal e estava associada aos cultos religiosos (tais como missas e oratórios) ou à ópera: era, portanto, uma música estreitamente vinculada à expressão de um texto, à expressão das palavras. Somente a associação a uma poesia, ou seja, a um texto musicado, livraria a música de sua condição inferior.

Teóricos como Sulzer (1793, p.431-2) definiam a música instrumental como apenas um ruído agradável, porém vazio: "destinada apenas ao divertimento ou ao exercício do instrumentista [...] representa no conjunto um ruído vivo e não desagradável [...], mas que não toca o coração".

26 MÁRIO VIDEIRA

Deve-se notar ainda que, muito embora a produção puramente instrumental tivesse alcançado um notável desenvolvimento já no começo do século XVIII, essa era utilizada basicamente como música didática (no ensino ou exercício de um determinado instrumento), como música de dança ou como acompanhamento secundário de banquetes e outras cerimônias.

Um dos grandes problemas da Estética Musical no século XVIII era, portanto, a relação entre música e poesia, no contexto de uma classificação hierárquica das artes, levando também em conta essa situação de predominante desvalorização da música instrumental:

> Para o espírito racionalista-cartesiano que domina na cultura [...], a arte e o sentimento não desfrutam de autonomia própria e não cumprem nenhuma função essencial na vida do homem; representam apenas formas inferiores de conhecimento. Nas classificações hierárquicas das artes, geralmente se coloca a música em último lugar, e a poesia em primeiro. Este privilégio concedido à poesia não corresponde necessa-riamente a um maior conteúdo artístico, mas sim a um maior conteúdo conceitual [...]. A música dirige-se aos sentidos, ao ouvido; a poesia, à razão: isto, em última análise, constitui o motivo de sua supremacia. (Fubini, 1971, p.14-5)

Sob influência do cartesianismo, a Arte passa a ser submetida às mesmas exigências que as ciências: ela deve ser aferida pela razão.[1] A mesma clareza que é exigida no discurso filosófico e científico é exigida também nas artes: a obra de arte passa a dever ser produzida e apreendida de acordo com as exigências da razão.

---

1 Le Bossu (apud Cassirer, 1992, p.374) afirma, em seu *Traité du poème épique*, de 1675: "As artes têm em comum com as ciências serem, como estas, fundadas na razão, e deverem deixar-se conduzir pelas luzes que a natureza nos deu". A Natureza aparece aqui como sinônimo de razão. As teorias do classicismo francês visam ao ideal de rigor e universalidade, tal como é o objetivo das ciências. De acordo com Cassirer (1992, p.375-7), existe "uma harmonia profunda, até uma coincidência perfeita entre os ideais científicos e os ideais artísticos dessa época, pois a teoria estética não quer outra coisa senão adotar o caminho já inteiramente aberto pelas matemáticas e pela física". Para ele, "a estética clássica é imitada, traço por traço, dessa teoria física e matemática".

O ROMANTISMO E O BELO MUSICAL **27**

Da mesma forma, também a teoria estética dessa época aspira aos ideais de universalidade e rigor que dominavam o campo da matemática, da física, das ciências em geral. Do mesmo modo que a natureza está submetida a leis universais, também para a arte – que, de acordo com o pensamento da época, nada mais é que imitação da natureza – "devem existir leis da mesma espécie e de igual dignidade" (Cassirer, 1992, p.373).

É nesse contexto que se insere o tratado do abade Charles Batteux, publicado pela primeira vez em Paris, no ano de 1746, e cujo objetivo já se define a partir do título: *Les beaux-arts réduits à un même principe* [As belas-artes reduzidas a um mesmo princípio]. Nesse tratado, Batteux procura submeter todas as belas-artes a um único princípio, a saber, o *princípio da imitação.*[2] A respeito da originalidade do tratado de Batteux, Wladislaw Tatarkiewicz (1992, p.50) comenta que, embora parecesse que esse estivesse caminhando por uma rota já muito antiga e bem conhecida desde a Antiguidade, "as discussões que se fizeram sobre a *mimesis* ou a *imitatio*, no curso de mais de dois mil anos, haviam pertencido exclusivamente às artes 'imitativas' ou 'miméticas': à pintura, escultura e poesia; e não à arquitetura e à música". Assim, como bem nota Tatarkiewicz, "Batteux foi o primeiro que considerou que *todas* as belas artes eram miméticas, e baseou sua teoria geral na *mimesis*".

Segundo Batteux, a *imitação da natureza* deveria ser o objetivo comum das artes, e essas "só diferem entre si pelos meios empregados para realizar essa imitação". As artes são por ele divididas em três espécies: a) as que têm por objetivo as *necessidades* do homem (artes mecânicas); b) as que têm o *prazer* por objetivo (as belas-artes, divididas em poesia, música, pintura, escultura e dança); c) as

---

2 Segundo Victor Knoll (1996, p.66), a palavra *mimesis*, que a tradição historiográfica traduziu pelo termo "imitação", é encontrada de início nos textos platônicos e, logo em seguida, nos aristotélicos. Knoll salienta, porém, que "esse termo desempenhou papel diverso no interior dos textos de cada filósofo", uma vez que Aristóteles rejeita a dialética da essência e da aparência presente no conceito platônico de *mimesis*. Segundo Knoll: "Para Platão, *mimesis* detém uma carga negativa: é simulacro. Para Aristóteles, pode-se afirmar, é o próprio fundamento da obra de arte".

que têm por objetivo a *utilidade* e o *adorno* ao mesmo tempo (eloquência e arquitetura).

Batteux fundamenta suas teorias nos princípios de Aristóteles, para quem o gênero humano teria um pendor natural para a imitação. Essa, além de ser uma forma de instruir e regrar os homens, seria também uma das principais fontes do prazer causado pelas artes, pois o espírito se exercitaria na comparação do modelo com o retrato.[3] Para Batteux (1746, p.12), imitar é "copiar um modelo". Por sua vez, a natureza (ou seja, "tudo aquilo que existe, ou que concebemos como possível") constitui-se no protótipo ou modelo das artes. No entanto, a imitação da natureza deve ser sábia e esclarecida, e não uma mera imitação servil. O artista deve imitar a *belle nature* [*bela natureza*], ou seja, deve produzir uma imitação da natureza não como ela realmente é, "mas como ela *pode* ser, tal como a podemos conceber por meio do espírito" (ibidem, p.24).

Ao examinar a questão das leis do gosto, o autor afirma que o gosto está para as artes assim como a inteligência está para as ciências. O objetivo das ciências é o verdadeiro, e o das artes é o belo e o bom. Por esse paralelo entre ciência e arte, Batteux (1746, p.57-8) define a inteligência e o gosto:

> Uma inteligência é, pois, perfeita, quando vê sem nuvens, e *distingue sem erro o verdadeiro do falso* [...]. Da mesma forma, o gosto é também perfeito quando, por uma *impressão distinta*, ele sente o bom e o ruim, o excelente e o medíocre, sem jamais confundir ou tomar um pelo outro. Posso então definir a inteligência: a facilidade de conhecer o verdadeiro

---

3 Pode-se ler na *Poética* (1448b) de Aristóteles: "O imitar é congênito no homem (e nisso difere dos outros viventes, pois, de todos, é ele o mais imitador e, por imitação, apreende as primeiras noções), e os homens se comprazem no imitado. Sinal disso é o que acontece na experiência: nós contemplamos com prazer as imagens mais exatas daquelas mesmas coisas que olhamos com repugnância, por exemplo, [as representações de] animais ferozes e [de] cadáveres. Causa é que o aprender não só muito apraz aos filósofos, mas também, igualmente, aos demais homens, se bem que menos participem dele. Efetivamente, tal é o motivo por que se deleitam perante as imagens: olhando-as, aprendem e discorrem sobre o que seja cada uma delas [e dirão], por exemplo, 'este é tal'. Porque se suceder que alguém não tenha visto o original, nenhum prazer lhe advirá da imagem, como imitada, mas tão somente da execução, da cor ou qualquer outra coisa da mesma espécie" (Aristóteles, 1992, p.106-7).

O ROMANTISMO E O BELO MUSICAL   **29**

e o falso, e de distinguir um do outro. E o gosto: a facilidade de sentir o bom, o ruim, o medíocre e de distingui-los com certeza. Assim, verdadeiro e bom, conhecimento e gosto: eis todos os nossos objetivos e todas as nossas operações. Eis as ciências e as artes. (grifos nossos)

Pode-se perceber nessa passagem a influência do racionalismo cartesiano e do paralelo entre verdade e beleza, traçado pela estética clássica francesa. Lembremos Boileau (apud Cassirer, 1992, p.380): "Somente o belo é verdadeiro, somente o verdadeiro é agradável". Segundo Cassirer (1992, p.374), "verdade e beleza, razão e natureza são apenas expressões diversas da mesma coisa: da ordem única e inviolável do ser que se descobre por inteiro, tanto no conhecimento da natureza como na obra de arte".

No que diz respeito a uma "hierarquia" das artes, Batteux (1746, p.2) confere a primazia à Arte Poética, uma vez que

[...] ela abarca todas as artes: é um composto de pintura, de música e de eloquência. Como a eloquência, ela fala, ela prova, ela conta. Como a música, ela tem uma marcha regrada, tons e cadências cuja mistura forma uma espécie de concerto. Como a pintura, ela desenha os objetos [...]: em resumo, ela faz uso das cores e do pincel, ela emprega a melodia e os acordes, ela mostra a *verdade*. (grifo nosso)

Quanto à Música, ela desempenha um papel importante em sua teoria estética; porém, mais na qualidade de suporte e reforço da poesia do que como linguagem autônoma propriamente dita. Primeiramente, é necessário assinalar que Batteux (1746, p.38) considera a expressão musical como essencialmente *vocal*: a música é por ele considerada "apenas e tão somente como canto". A existência da música instrumental é até admitida (ibidem, p.15), porém como uma espécie de capricho, no qual os sons se entrechocam sem desenho. Seria como uma pintura sem os contornos das figuras claramente desenhados; uma pintura executada com cores harmoniosas e concordantes entre si (logo, capaz de provocar sensações agradáveis), mas sem desenho, e que, portanto, nada imita (e por isso é condenada). Para Batteux, no campo da música puramente instrumental, a "música" propriamente dita não estaria dentro dos seus limites legítimos. Segundo ele, "é preciso que ela seja o que deve ser, que ela retorne à

30 MÁRIO VIDEIRA

imitação: que ela seja o retrato artificial das paixões humanas" (ibidem, p.15). Assim como a pintura imita a *belle nature*[4] por meio das cores; a escultura, pelos relevos, e assim por diante, a música a imita por meio de sons inarticulados. Para Batteux (1746, p.254-5), a linguagem dos sons é uma linguagem inata, uma espécie de "intérprete universal", dedicada de maneira especial aos sentimentos:

> A palavra nos instrui, nos convence, é o órgão da razão: mas o som e o gesto são os órgãos do coração: eles nos emocionam, nos ganham, nos persuadem. A palavra exprime a paixão somente por meio de ideias às quais os sentimentos são ligados, e como por reflexão. O som e o gesto chegam diretamente e sem nenhum desvio ao coração. Em resumo, a palavra é uma linguagem instituída, que os homens fizeram para comunicar mais distintamente suas ideias: os gestos e os sons são como o dicionário da simples natureza; eles contêm uma língua que todos sabemos logo ao nascer [...] ela é viva, curta, enérgica.

Assim, para Batteux, enquanto o objetivo primordial da poesia é principalmente a imitação das ações, resta à música o objetivo de *imitar os sentimentos e as paixões* do homem. Dessa forma, Batteux irá discordar da antiga tradição que concebia a música como um ramo da matemática,[5] colocando-a em função do sentimento e de um sentido determinado:

> [...] pois trata-se de sentir. Não pretendo calcular os sons, nem suas relações, seja entre si, seja com nossos órgãos: não falo aqui nem de mo-

---

4 O conceito de natureza nesse período adota a ideia de que a arte confere à natureza a beleza que lhe falta e aumenta a que já existe. Conforme lembra Harnoncourt (1993, p.49), "a natureza informe é a matéria-prima da beleza, a qual só é atingida quando modelada pela arte. O jardim é, pois, mais belo que a natureza selvagem, a cerca viva, geometricamente aparada, é mais linda do que a árvore em sua forma natural".

5 Tal concepção possui raízes profundas, remontando a Pitágoras. Este "[...] já sustentava que a música era símbolo ou expressão de uma harmonia que se explicava por meio de proporções numéricas, pelo qual a música podia reduzir-se a números. Esta antiquíssima doutrina permaneceu viva através dos séculos; nos tratados dos teóricos medievais, no renascimento com o pensamento de Zarlino e, depois, nos tratados de Descartes, Mersenne, Euler e, por último, Rameau" (Fubini, 1971, p.32).

vimentos, nem de vibrações de cordas, nem de proporções matemáticas. Essas especulações, eu as abandono aos teóricos eruditos [...]. A música fala-me por sons: essa linguagem é natural para mim. Se não a compreendo, é porque a arte corrompeu a natureza, ao invés de aperfeiçoá--la. Devemos julgar uma música como julgamos a um quadro. Neste eu enxergo traços e cores cujo sentido compreendo; ele me agrada, ele me toca. (ibidem, p.262-3)

Batteux (1746, p.266) afirma que existem duas espécies de música: a) aquela que exprime os sons animados e que contém os sentimentos: em outras palavras, trata-se da música vocal; b) aquela que imita apenas os sons e os ruídos *non-passionés*, ou seja, a música instrumental, que ele compara com a paisagem, no âmbito da pintura. A música deve estar sempre ligada a um sentido determinado: se não pudermos compreender o sentido das expressões que a música contém, essa se torna "um idioma desconhecido, e por consequência, inútil" (ibidem, p.267). Para Batteux, numa peça puramente instrumental, como numa sinfonia, a música possui apenas uma "meia-vida", é um ser "pela metade", não passando de pálido reflexo daquilo que ela se torna quando está em sua função plena, isto é, quando está unida ao canto: somente aí é que ela se torna verdadeiramente o "quadro do coração humano", retrato de suas paixões e seus sentimentos.

Enquanto nos padrões da estética clássica francesa, sobretudo em Boileau, a ênfase recaía no "natural" e no "exato", na razão em detrimento da imaginação, na beleza que só se deixa entrever pelo caminho da verdade, autores tais como Bouhours e Dubos enfatizavam o modo específico de expressão e representação do objeto.

Bouhours procura opor o conceito de *"délicatesse"* ao ideal de absoluto rigor proposto por Boileau[6] como uma espécie de princípio

---

6 Aqui, a racionalidade está na exatidão das regras. De acordo com Cassirer (1992, p.384-5), "Boileau esforça-se por estabelecer uma teoria geral dos gêneros poéticos, tal como o geômetra uma teoria geral das curvas [...]. Boileau procura destacar essas leis implícitas, baseadas na natureza dos diversos gêneros poéticos, respeitadas inconscientemente desde sempre na prática da arte, a fim de impô-las ao conhecimento claro e distinto. Quer enunciá-las e formulá-las em termos explícitos, à maneira da análise matemática".

32 MÁRIO VIDEIRA

da arte. De acordo com Cassirer (1992, p.399), "é a expressão, não o conteúdo do pensamento como tal, que contém cada vez mais a verdadeira carga estética". Similarmente, as *Réflexions critiques sur la poésie et la peinture* [Reflexões críticas sobre a poesia e a pintura] de Jean-Baptiste Dubos representam uma certa atenuação do poder da razão e um reconhecimento do poder do sentimento. Como lembra Cassirer (1992, p.400),

> [...] os fenômenos que Bouhours tinha descoberto, de certa maneira, na periferia da estética, são agora transferidos para o centro da teoria estética [de Dubos]. Não se trata mais de fazer simplesmente lugar para a imaginação e o sentimento *ao lado* das faculdades intelectuais, mas de provar que também são faculdades verdadeiramente fundamentais.

Também o conceito de natureza é concebido de outra forma, sendo considerado como "natureza do homem", num reconhecimento dos problemas estéticos como fenômenos *humanos*. Diversamente da estética clássica, "já não são agora os gêneros artísticos que estão em causa [...], mas as questões artísticas: a impressão que causa a obra de arte sobre aquele que a contempla e o julgamento no qual ele procura fixar essa impressão para si mesmo e para os outros" (ibidem, p.394).

O próprio Dubos, na introdução ao seu tratado, afirma que seu objetivo é explicar qual a origem do prazer sensível causado pelos versos e pelos quadros. Tal como ocorre no tratado de Batteux, também para Dubos, poesia, pintura e música assumem um caráter imitativo.[7] Da mesma maneira como a poesia, rainha das artes, fala diretamente à razão por meio da imitação das ações, a música, arte dos sentimentos e das paixões, deve falar diretamente ao coração. Para Dubos (1961, p.444):

> Assim como o pintor imita os traços e as cores da natureza, da mesma forma o músico imita os tons, os acentos, os suspiros, as inflexões da

---

7 Deve-se, contudo, notar que, diferentemente do tratado de Batteux (1746), o texto de Dubos (1719) não tem a pretensão de aplicar o princípio de imitação da natureza a *todas* as artes.

O ROMANTISMO E O BELO MUSICAL **33**

voz, enfim, todos esses sons, com ajuda dos quais a própria natureza exprime seus sentimentos e suas paixões. Todos esses sons, como já expusemos, têm uma força maravilhosa para nos comover, porque eles são signos das paixões, instituídos pela natureza, da qual receberam sua energia, enquanto as palavras articuladas são apenas signos arbitrários das paixões.

A ênfase é colocada na música vocal: por meio do canto, da harmonia e do ritmo é que a música faz suas imitações; do mesmo modo, na pintura, essas são feitas por meio do desenho, do claro-escuro, das cores locais. No que diz respeito ao papel da música no quadro geral das artes, Dubos também a relega a um plano secundário, como apenas um meio inventado pelos homens para dar uma maior força à arte poética, tornando-a capaz de causar uma impressão ainda maior nos espectadores. É, portanto, como figurante e serva da poesia que é permitido à música figurar em seu tratado, apenas como meio para "aumentar a energia das palavras" que são colocadas sob a forma do canto (ibidem, p.446).

E é como reforço da expressão poética que Dubos (1961, p.447) afirma que a "verdade" na música consistiria na imitação dos tons, dos acentos, dos suspiros e dos sons que são *"naturalmente próprios aos sentimentos contidos nas palavras"*.

No que diz respeito à música instrumental, essa consta no tratado de Dubos reduzida à mera função de imitação dos ruídos da natureza, e é justificada apenas por seu emprego adequado como reforço expressivo no interior de uma determinada ação dramática:

> Esta arte quis ainda fazer imitações de todos os ruídos que são os mais capazes de causar-nos impressões quando nós os ouvimos na natureza. A música serve-se de instrumentos apenas para imitar esses ruídos, nos quais nada existe de articulado, e nós comumente chamamos a essas imitações de sinfonias. (ibidem, p.447-8)

Ao afirmar que, apesar de serem inventadas livremente, as sinfonias representam uma valiosa ajuda para tornar o espetáculo mais comovente e a ação mais patética, Dubos considera a música instrumental somente "de acordo com sua função melodramática,

34 MÁRIO VIDEIRA

como introdução ou preparação da ação do drama" (in Fubini, 1971, p.27-8):

> [...] apesar dessa música ser puramente instrumental, *ela não deixa de conter uma imitação verdadeira da natureza*. [...] há diversos ruídos na natureza capazes de produzir um grande efeito sobre nós, quando os fazemos ouvir a propósito nas cenas de uma peça dramática. A verdade da imitação de uma sinfonia consiste na semelhança dessa sinfonia com o ruído que ela pretende imitar. (Dubos, 1961, p.448) (grifo nosso)

Segundo Dubos (1961, p.449), muito embora as sinfonias não produzam nenhum som articulado, elas não deixam de poder desempenhar um papel nas peças dramáticas, uma vez que "elas contribuem para interessar-nos pela ação".

A possibilidade de uma música instrumental absolutamente independente de quaisquer ligações com uma determinada ação cênica é descartada por Dubos (1961, p.460):

> Essas peças de música que nos comovem sensivelmente, quando fazem parte de uma ação teatral, agradariam apenas mediocremente (se as fizéssemos ouvir como *sonatas*, ou peças de sinfonia separadas [autônomas]) a uma pessoa que nunca as tivesse ouvido na ópera, e que consequentemente as julgaria sem conhecer o seu maior mérito, qual seja, *a relação que elas possuem com a ação, na qual, por assim dizer, elas desempenham um papel.* (grifos nossos)

Dessa forma, para Dubos, a música instrumental somente se legitima na medida em que atua como reforço da ação dramática, ou como pintura de sentimentos: o objetivo maior da música é emocionar o espectador, e a música que não atinge esse objetivo poderia ser colocada no mesmo nível de um quadro que não foi bem colorido, ou de um poema que não foi bem versificado. Para Dubos, a ciência da composição é serva, e tudo estaria perdido se essa obtivesse a primazia: toda a riqueza e variedade de acordes, as ornamentações e a originalidade dos cantos apenas devem servir, na música, para embelezar a imitação da linguagem da natureza e das paixões.

A consolidação da ópera e o consequente problema acerca do relacionamento entre música e texto geraram inúmeras polêmicas,

O ROMANTISMO E O BELO MUSICAL   **35**

sobretudo na França. As *Querelles* entre música italiana e francesa, ópera bufa e ópera séria dividiam filósofos, músicos e teóricos.[8] Como vimos, a música geralmente desempenhava um papel de mero acompanhamento e adorno da poesia no âmbito das classificações hierárquicas das artes desse período. No entanto, já por volta da segunda década do século XVIII, iniciam-se as polêmicas entre alguns importantes teóricos e literatos, que se esforçavam por conceder maior autonomia à música, buscando conferir-lhe maior dignidade artística perante a poesia.

O compositor e teórico francês Jean-Philippe Rameau (1683-1764) procurou levar a cabo tal intento pela retomada da antiga tradição pitagórica, via Zarlino.[9] Seus escritos acusam ainda forte influência do pensamento racionalista cartesiano.[10] Segundo Fubini (1995, p.92), Rameau reivindicava para a música "o papel de ciência, isto é, de linguagem significativa, analisável por meio da razão, fundada sobre princípios claros e indubitáveis". Ao mesmo tempo, Rameau demonstra ainda em seus escritos uma certa dependência da concepção de arte como *mimesis*: tal como Dubos e Batteux, Rameau também acredita que a música deva ser imitação da natureza. Porém, diferentemente daqueles, Rameau entende por "natureza" um sistema de leis matemáticas, que fornecem os fundamentos da arte musical por meio dos princípios da harmonia.

Fubini lembra que a música era considerada uma arte menor pelos teóricos dos séculos XVII e XVIII pela sua "intrínseca falta de racionalidade". É contra esse tipo de concepção que Rameau escreve seus textos:

> Se a música, em seus fundamentos, pode ser reduzida a ciência, se pode ser racionalizada em seus princípios, se pode revelar em sua essência uma ordem natural eterna e imutável, já não poderá continuar

---

8 Para um estudo mais aprofundado dessas questões, ver Cannone (1990).

9 Rameau (1986, p.18) atribui a Zarlino – a quem chama *príncipe dos músicos modernos* – o mérito por ter chamado a atenção para o fato de a música "ser subordinada à aritmética".

10 O próprio Rameau documenta essa influência numa passagem de seu tratado *Démonstration du principe de l'harmonie*.

36 MÁRIO VIDEIRA

sendo considerada somente como prazer dos sentidos, nem estranha a nosso intelecto e a nossa racionalidade. (Fubini, 1971, p.32)

Dessa forma, ao fundamentar a música no princípio da harmonia, Rameau nega que ela seja tão somente "um luxo inocente", como pretendiam alguns teóricos, mas coloca suas bases num princípio racional e eterno, garantido pelas relações físicas e matemáticas originadas pela vibração e ressonância do corpo sonoro. Em seu célebre *Tratado de harmonia* (1722), Rameau define a música como "a ciência dos sons", e afirma o primado da harmonia em vez da melodia. Segundo Rameau (1986, p.1): "Divide-se a música ordinariamente em Harmonia e Melodia, embora esta nada mais seja que uma parte da outra, e que seja suficiente conhecer a Harmonia para estar perfeitamente instruído em todas as propriedades da música".

Diferentemente do que ocorria nos tratados de Batteux e Dubos, para Rameau a música instrumental não é mais um mero ruído agradável. Sua defesa da música puramente instrumental fundamenta-se na compreensão da música como expressão da razão:

> Rameau estava convencido, como bom cartesiano que era, que a música era governada por leis racionais, e que essas leis poderiam ser deduzidas com rigor geométrico a partir de um único princípio. Ele acreditava que a tarefa mais crítica do teórico era identificar esse princípio único e demonstrar suas consequências musicais. (Christensen, 1987, p.23)

Esse princípio único Rameau encontraria na sua doutrina da harmonia, por meio da teoria do corpo sonoro (*corps sonore*).[11] Num artigo de 1987, Thomas Christensen mostra como, ao longo de toda a

---

11 De acordo com Christensen (1987, p.23 e 41), *corps sonore* é o termo empregado por Rameau para designar qualquer sistema vibratório que emita sons harmônicos acima da sua frequência fundamental. Dessa forma, toda corda, ao vibrar, contém em si mesma o germe de toda a música. Nas palavras do próprio Rameau: "O corpo sonoro, que eu chamo, com razão, de *som fundamental*, esse princípio único, gerador e ordenador de toda a música, essa causa imediata de todos os seus efeitos, o corpo sonoro, digo, não ressoa sem produzir ao mesmo tempo todas as contínuas proporções das quais nascem a harmonia, a melodia, os modos, os gêneros, e até mesmo as menores regras necessárias para a prática" (apud Christensen, 1987, p.41). Essa teoria começa a ser elaborada somente a partir de seu *Nouveau système de musique theorique*, de 1726.

sua vida, Rameau procurou o apoio dos principais cientistas e academias de ciência de seu tempo para a sua teoria, tendo ainda incorporado muitos elementos das mais avançadas pesquisas científicas de sua época, dentre as quais podemos citar as de Mairan[12] e, posteriormente, de D'Alembert.[13] De acordo com Christensen, quando as bases científicas do princípio do *corps sonore* estavam sendo questionadas por matemáticos da estatura de um Euler ou de um Bernouilli, foi justamente D'Alembert – talvez o mais influente cientista da França, na época – que veio em sua defesa: "para Rameau, que acima de tudo desejava estabelecer a teoria musical sobre uma firme base científica, o apoio de D'Alembert forneceu uma credibilidade essencial" (ibidem, p.38 e 48).[14]

Como bem lembra Fubini, (1995, p.92), entretanto, a concepção racionalista de Rameau não exclui o prazer do ouvido, nem uma relação entre música e sentimento. Pelo contrário, o prazer que se obtém ao ouvi-la dever-se-ia ao fato de que "ela exprime, através da harmonia, a ordem divina universal, a própria natureza". Apesar de tomá-la como uma "ciência físico-matemática", Rameau (1737, p.30) reconhece que a música pode "excitar diversas paixões":

> É certo que a Harmonia pode suscitar em nós diferentes paixões, em relação com os acordes utilizados. Há acordes tristes, lânguidos, ternos,

---

12 Jean Jacques Dortous de Mairan (1678-1771) foi um dos principais membros da *Académie Royale des Sciences*, tendo sucedido Fontenelle como *sécretaire perpétuel* em 1741. Suas pesquisas no campo da acústica deram-se especialmente no campo da propagação do som.

13 Jean Le Rond D'Alembert (1717-1785), reconhecido por seu trabalho como filósofo e por sua atuação na *Encyclopédie*, foi também um importante matemático.

14 Em 1749, Rameau submeteu um trabalho à apreciação da *Academie Royale*, no qual expunha "os fundamentos do sistema teórico e prático de música". D'Alembert estava entre os membros do comitê selecionado para apreciação do trabalho, e redigiu o seguinte comentário: "O sr. Rameau explica com sucesso, por meio desse princípio, os diferentes fatos de que nós falamos, e que ninguém antes dele havia reduzido a um sistema tão ligado e extensivo... Assim a harmonia comumente sujeita a leis assaz arbitrárias, ou sugeridas por uma experiência cega, tornou-se, através do trabalho do sr. Rameau, uma ciência mais geométrica e à qual podem-se aplicar os princípios matemáticos com uma utilidade mais real e mais sensível do que o foram até hoje" (apud Christensen, 1987, p.49).

agradáveis, alegres [...]; existe ainda uma certa série de acordes para exprimir as mesmas paixões [...]. Os acordes consonantes encontram-se por toda parte, mas eles devem ser empregados o mais frequentemente que se puder nos cantos de alegria e de magnificência [...]. A doçura e a ternura exprimem-se, por vezes bastante bem, por meio de dissonâncias menores preparadas [...]. Os langores e os sofrimentos exprimem-se perfeitamente bem [...] sobretudo, com o cromático [...]. O desespero e todas as paixões que levam ao furor [...] exigem dissonâncias de toda espécie, não preparadas [...]. (Rameau, 1986, p.141)

No entanto, "mover as paixões cabe somente à harmonia. A melodia extrai sua força somente dessa fonte [da harmonia], da qual ela emana diretamente" (Rameau, 1754, p.VI). A Harmonia é, para Rameau (ibidem, p.III), "a única base da música e o princípio de seus maiores efeitos". Como bem notou Fubini (1986, p.10-11), é por meio desse princípio único que Rameau procura "fundar sobre bases racionais a autonomia da música, que não tem mais necessidade de recorrer às outras artes para realizar o seu poder expressivo":

[...] o fundamento harmônico da música vale para livrá-la de todas as precedentes acusações de arbítrio, de hedonismo, de inútil ornamento da poesia [...]. A música pode subsistir por si só. Assim, é autonoma-mente expressiva nos seus meios propriamente musicais [...] graças à harmonia. Dizer que a música é uma ciência não significa retirar-lhe seu poder de exprimir ou imitar os sentimentos, mas [significa] fundá-la sobre um princípio firme e racional que a garanta contra os caprichos dos homens, a variedade dos gostos e dos estilos, a variação da moda [...]. Arte e ciência, sentimento e razão, sensibilidade e racionalidade não são, pois, princípios opostos e inconciliáveis: na filosofia musical de Rameau encontram uma perfeita conciliação e uma firme aliança. (ibidem)

Ao contrário de Rameau, o filósofo Jean-Jacques Rousseau (1712-1778), em seus inúmeros escritos sobre música, defendia a primazia da melodia.[15] Ambos defendem o mesmo princípio

---

15 Os textos que tratam do problema da música ocupam lugar de destaque na obra de Rousseau. Dentre eles, salientamos: *Dissertação sobre a música moderna, Carta sobre a ópera italiana e francesa, Carta sobre a música francesa, A origem da melodia, Ensaio sobre a origem das línguas* e o *Dicionário de Música* (ver Rousseau, 1995).

O ROMANTISMO E O BELO MUSICAL **39**

de música como imitação, partindo, no entanto, de pressupostos antagônicos: enquanto Rameau defende a música como imitação da natureza por meio de seus fundamentos matemáticos, nos textos de Rousseau é a melodia que deve imitar as paixões e sentimentos do homem.[16] Fubini (1971, p.46) chega mesmo a considerar que a obra de Rousseau representa "a mais acabada e complexa teorização da concepção da música como linguagem do sentimento e da paixão".

Rousseau era partidário da teoria segundo a qual a música e a linguagem teriam uma única e mesma origem. No *Ensaio sobre a origem das línguas*, publicado três anos após sua morte, ele afirma que "os versos, os cantos e as palavras têm uma origem comum"[17] e que tanto o canto quanto a fala "tiveram a mesma fonte e a princípio foram uma única coisa". De acordo com essa tese, tanto a fala quanto a música eram, originalmente, expressão das paixões humanas[18] e,

---

16 Fubini (1971, p. 40) escreve: "Também Rousseau se serve, pois, do conceito de imitação da natureza como instrumento crítico e categoria estética, porém a utiliza com um novo significado. Natureza é sinônimo de paixão, sentimento, imediatez e é clara e polemicamente contraposta à razão".

17 Na Alemanha, Herder (1744-1803) defende ideias similares, no seu *Ensaio sobre a origem da linguagem*, publicado pela primeira vez em 1772: "Portanto, se a primeira linguagem humana foi canto, teve que ser um canto tão natural ao homem, tão adequado aos seus órgãos e inclinações naturais, quanto o canto do rouxinol o é para essa criatura [...] ora, essa adequação é a que existe entre a nossa linguagem e as suas sonoridades. [...] Assim surgiu o canto nos homens, e não era nem trinado de rouxinol, nem simples grito da impressão, nem a linguagem musical de que fala Leibniz. Era antes a expressão das linguagens de todas as criaturas dentro da escala da voz humana" (Herder, 1987, p.80-1). E mais adiante: "Mesmo mais tarde, à medida que a linguagem se tornava mais regular, mais uniforme, mais ordenada, continuava a ser uma espécie de canto, como o provam as inflexões que se encontram em tantos povos selvagens. E são vários os autores que demonstraram que a poesia e a música mais antigas tiveram origem nesse canto, posteriormente refinado e enobrecido" (ibidem, p.81).

18 Segundo Dahlhaus (1987, p.52), "a tese do Abade Dubos, retomada por Rousseau e Herder, a saber, que a origem da música era a linguagem e que o objetivo estético da música deveria ser uma imitação e uma estilização de um discurso apaixonado, suscitou no século XVIII a oposição dos teóricos crentes na tradição, os quais não queriam abandonar a ideia pitagórica e platônica de uma música fundada essencialmente sobre o número".

40 MÁRIO VIDEIRA

para Rousseau (1973, p.192-3), isso nem poderia ocorrer de outro modo, pois "as paixões falaram antes da razão":

> [...] a princípio não houve outra música além da melodia, nem outra melodia que não o som variado da palavra; os acentos formavam o canto, e as quantidades, a medida. [...] Segundo Estrabão, outrora dizer e cantar eram o mesmo, o que mostra, acrescenta ele, que a poesia é a fonte da eloquência. (ibidem)

De acordo com Rousseau (1995, p.885), a melodia é o verdadeiro princípio da música, uma vez que somente ela seria capaz de torná-la uma verdadeira "arte de imitação", por meio da qual "pode-se afetar o espírito com diversas imagens, emocionar o coração com diversos sentimentos, excitar e acalmar as paixões".

Rousseau foi um dos principais defensores da preponderância da melodia ante a harmonia. Em seu *Dicionário de Música*, ele divide a música em *Melodia* e *Harmonia*. *Melodia* é o termo pelo qual Rousseau compreende "a sucessão dos sons ordenados segundo as leis do ritmo e da modulação, que forma uma sensação agradável ao ouvido" (ibidem, p.884), podendo ser dividida em melodia vocal ou *canto* e melodia instrumental ou *sinfonia*. A *Harmonia*, por seu turno, consistiria numa "sucessão de acordes segundo as leis da modulação" (ibidem, p.846). Outra divisão possível da música, segundo Rousseau, seria entre *música natural* e *música imitativa*. A primeira é "limitada ao aspecto físico dos sons, e age somente sobre os sentidos, não transmite suas impressões ao coração, e somente pode dar sensações mais ou menos agradáveis" (ibidem, p.918): trata-se, portanto, da harmonia.[19] A segunda, que corresponde à melodia, é definida por Rousseau como aquela que

> [...] por inflexões vivas acentuadas e, por assim dizer, falantes, exprime todas as paixões, pinta todos os quadros, traduz todos os objetos,

---

19 Nesse caso, Rousseau atribui uma conotação negativa ao termo "natural", provavelmente originada da associação entre "harmonia" e os "harmônicos naturais", defendida por Rameau.

O ROMANTISMO E O BELO MUSICAL   **41**

submete a Natureza inteira a suas sábias imitações, e transmite assim ao coração dos homens sentimentos próprios para emocioná-lo. [...] É apenas nessa *Música*, e não na [música] Harmônica ou natural, que devemos procurar a razão dos efeitos prodigiosos que ela produziu antigamente. (ibidem, p.918)

Para Rousseau (1995, p.851), a harmonia, assim como o contraponto, seria apenas uma "invenção gótica e bárbara", e não uma verdadeira arte imitativa. Para ele, a Música torna-se uma arte imitativa somente por intermédio da melodia, da qual se origina toda a sua força. A harmonia não sendo, pois, imitativa, e "não podendo nem tocar nem pintar com seus belos acordes, cansa em breve o ouvido, e deixa sempre o coração vazio" (ibidem, p.885). No verbete intitulado "Harmonia", de seu *Dicionário de Música*, a crítica às ideias de Rameau é bastante áspera:

> O sr. Rameau afirma, no entanto, que a *Harmonia* é a fonte das maiores belezas da Música; mas esse sentimento se contradiz pelos fatos e pela razão. Pelos fatos, visto que todos os grandes efeitos da Música cessaram, e ela perdeu sua energia e sua força após a invenção do Contraponto: a isso eu acrescento que as belezas puramente harmônicas são belezas eruditas, que comovem apenas as pessoas versadas na Arte; enquanto as verdadeiras belezas da Música, sendo da Natureza, são e devem ser igualmente sensíveis a todos os homens, eruditos e ignorantes. Pela razão, visto que a *Harmonia* não fornece nenhum princípio de imitação pelo qual a música, formando imagens ou exprimindo sentimentos, possa elevar-se ao gênero Dramático ou imitativo, que é a parte mais nobre da Arte, e a única enérgica; tudo o que se atém apenas ao [aspecto] físico dos sons, sendo muito limitado no prazer que nos proporciona, e tendo muito pouco poder sobre o coração humano. (ibidem, p. 851)

Fubini (1971, p.41-2) nota que, apesar das mútuas críticas entre Rousseau e Rameau, a aspiração de restituir a dignidade de arte e a autonomia expressiva à música poderia ser apontada como característica comum ao pensamento de ambos. Na tentativa de revalorizar a música, Rameau buscou os seus fundamentos racionais, eternos e naturais na origem matemática dos sons, no princípio da harmonia. Rousseau, pelo contrário, buscou a revalorização da música considerando-a como a linguagem que mais próxima fala ao coração humano. Enquanto Rameau, ao privilegiar a harmonia, deixa o caminho aberto para a valorização da música instrumental pura durante o romantismo, Rousseau, tal como Batteux e Dubos, rejeita a música puramente instrumental em favor da música vocal, do primado da melodia.[20]

---

20 O fato de Rousseau não apreciar a música instrumental e conceber a música unicamente como canto não significa que ele a considere "como agradável adorno da poesia e sinta predileção pelos valores conceituais e racionais nela expressos. Pelo contrário, Rousseau prefere o canto porque nele a música volta a encontrar sua natureza original" (Fubini, 1971, p.39).

2
A CRÍTICA FRANCESA AO PRINCÍPIO DE IMITAÇÃO

O princípio de imitação pode ser considerado, de certa forma, um dos traços comuns a todos os autores que examinamos até o momento: presente nas teorias de Dubos, Batteux, Rousseau e Rameau sob diferentes perspectivas, pode-se dizer que esse princípio marcou a reflexão francesa sobre a música e as artes, fornecendo a base para a explicação da música vocal e também da música instrumental desse período.

Por volta da metade do século XVIII, entretanto, intensificam-se as polêmicas em torno desse princípio de imitação, as quais "procuram demonstrar que essa noção tem importância limitada, ou é até mesmo inaplicável" (Lippmann, 1992, p.84).

Segundo Lippmann, foi somente por volta da década de 1770 que se viu uma rejeição sistemática da imitação como princípio estético da música, mais precisamente, a partir da publicação do ensaio de André Morellet, *De l'expression en musique et de l'imitation dans les arts*, em 1771.

Nesse ensaio, Morellet trata da questão da imitação e da expressão na música. Primeiramente, ele considera que se podem distinguir dois tipos de objetos que a música procura pintar e exprimir: a) objetos físicos (com suas ações, movimentos e efeitos); b) as paixões (ou afetos do coração humano).

Ao investigar os meios que a música possui para produzir tais imitações, o autor constata que a música lança mão de analogias ou semelhanças entre os meios de imitação e o objeto imitado. Quanto à expressão das paixões e das diversas afecções do coração humano, a música possui dois meios: a) a imitação da "declamação natural"; b) as analogias que as combinações de sons e movimentos têm com os sentimentos que a música tenta pintar. Morellet (1986, p.278) exemplifica algumas dessas analogias:

> [...] entre um movimento *andante* [...] e a serenidade da mente, entre um movimento vivo e a alegria, entre um movimento lento e a tristeza; entre um movimento melódico cromático e o sentimento de dor; entre o modo menor e a melancolia, entre o modo maior e a alegria; entre certos intervalos como a terça menor, a sexta menor ascendente [...] para sentimentos suaves, e entre os intervalos de terça maior, de quinta, sexta maior ascendente para sentimentos mais resolutos e definidos.

Morellet conclui que a música é apta a imitar e pintar objetos físicos, bem como suas diversas ações, as paixões e outros sentimentos. Contudo,

> A imitação à qual a música se dedica quando empreende pintar objetos físicos ou sentimentos do coração humano é sem dúvida muito imperfeita; os ruídos que os objetos físicos produzem, seus movimentos e seus efeitos, mesmo os gritos das paixões e os acentos da linguagem falada, todas essas coisas são imitadas pela música de maneira tão vaga, tão fraca, que não se pode encarar essa pintura como uma semelhança. [...] Os acentos da linguagem falada [...] não podem ser executados pela voz que canta nem por instrumentos; não são submetidos a nenhuma mensuração [...]: com tantas diferenças do original da suposta pintura, o que se faz da imitação, da expressão em música? (ibidem, p.279)

Tal questão é por ele resolvida, considerando que a noção de imitação, no caso da música, não deve ser tomada no sentido rigoroso do termo: "a imitação não precisa ser completa, nem exata, nem rigorosa; ela deveria até mesmo ser imperfeita e diferente da natureza em algum aspecto". Para o autor, as artes fazem uma espécie de pacto com a alma e os sentidos que afetam, e requerem certas licenças: a poesia requer que se fale em versos, por imagens, num tom mais elevado do que na natureza; a pintura requer que se realcem os tons das cores, que se corrijam os modelos, que se dê nobreza, graça, elegância e frescor às suas imitações, "em uma palavra, belezas que os objetos em si não possuem". A música, similarmente, requer que se cadencie a sua marcha, que se fortaleça a voz com o acompanhamento e outras coisas similares, "que certamente não estão na natureza". Contudo, isso não constitui uma falha, mas antes uma vantagem: "isso, sem dúvida, altera a verdade da imitação, mas ao mesmo tempo *aumenta sua beleza*, e dá à cópia um encanto que a natureza recusou ao original". A partir daí, Morellet (1986, p.279-80) conclui que "a arte é algo mais do que a imitação *exata* da natureza" (grifo nosso).

Assim, apesar de reconhecer a imperfeição e imprecisão da imitação musical, bem como a incapacidade da música em produzir uma real semelhança e a sua dependência com relação às mais diversas analogias, pode-se dizer que, como bem notou o musicólogo Edward Lippmann (1992, p.94), "Morellet transforma uma deficiência em virtude. Não apenas ele mantém a imitação ao reconhecer sua imperfeição, como mostra também que essa imperfeição é essencial para a arte".

O princípio de imitação só começaria a perder de fato sua credibilidade a partir do ensaio de Boyé, *L'expression musicale mise au rang des chimères*, publicado em 1779. A principal questão do ensaio é: "pode a música expressar as paixões?".

Boyé critica a opinião comum, segundo a qual a música poderia pintar todas as modificações de nossa alma, os gritos de dor etc. Primeiramente, porque, para ele, as afecções da alma só podem manifestar-se por meio de sinais externos (atitudes, gestos, inflexões da voz, exclamações etc). Em segundo lugar, porque, quando se fala de *expressão*, é necessário comparar o objeto que a arte expressa com seu modelo.

Assim, se, por um lado, as artes como a pintura, a escultura, a pantomima e a poesia têm a vantagem de expressar de maneira muito

46 MÁRIO VIDEIRA

sensível as paixões que desejam imitar, por outro, a arte musical parece-lhe estar a uma prodigiosa distância dessas pretensões. Já que na pintura as cores são imitadas por cores, na pantomima os gestos são imitados por gestos e na poesia as palavras são imitadas por palavras, segue-se que:

> A música teria que imitar os acentos do canto pelos acentos do canto, se fosse verdadeiro que as paixões empregam naturalmente tal linguagem. Mas as paixões nunca se manifestaram em canto, mas são expressas somente pelas inflexões da voz falada, [de modo que] são somente as inflexões da voz falada que podem imitá-las, como [ocorre] na declamação. (Boyé, 1986, p.286)

Da afirmação de que paixões são expressas mediante inflexões da voz falada depreende-se facilmente que a música não as pode imitar, uma vez que, na música, os sons empregados são de alturas determinadas e passíveis de notação, enquanto na fala os sons articulados são *indeterminados* e não podem ser notados. Ora, se "a diferença entre o *som musical* e o *som da linguagem* consiste no fato de que o primeiro é fixo e o segundo, indeterminado, como se pode imaginar que o último possa ser imitado pelo primeiro?" (ibidem, p.287). Tampouco pode a música representar, por meio de notação, outros sinais externos das paixões, tais como gritos, gemidos, suspiros, exclamações, soluços, risos ou lamentos. Todas essas razões servem como demonstração da impotência da música no que concerne à imitação.

Isso é válido também para as relações entre a música e a imitação do belo natural: na arte da pintura é fácil constatar que o artista imita a natureza. Igualmente, na poesia (drama, ode, madrigal, verso), percebemos com facilidade que as ideias, as frases, as palavras que o artista emprega são tomadas da natureza. Entretanto, na música isso não ocorre, uma vez que nenhuma das partes que a constituem (sons fixos e determinados, cadências, portamentos, trilos etc.) se encontram na natureza (ibidem, p.288-9).

Também na ópera não se pode dizer que a música representa exatamente o texto que a ela se associa. Tanto isso é verdade que, se separarmos o poema de uma ópera de sua correspondente melodia,

O ROMANTISMO E O BELO MUSICAL 47

cada frase musical tornar-se-á, como resultado, "um inexplicável hieróglifo" (ibidem, p.287). Se se diz que um determinado compositor pode pintar as paixões, isso se deve, em primeiro lugar, ao interesse do *poema*, e, em segundo, à sensibilidade do cantor, que não executa *exatamente* aquilo que está na partitura, mas, pelo contrário, modifica a "cor" de sua voz, torna audíveis sons mais ou menos escuros, mais ou menos brilhantes, trabalha com a articulação das consoantes etc., tudo isso de acordo com o tipo e grau das paixões que o animam (ibidem, p.289). Para Boyé, é a conjunção de todos esses fatores que faz que um cantor seja bem-sucedido na sua apresentação.

A melodia elaborada pelo compositor pode estar ou não de acordo com as palavras do texto. Um exemplo[1] claro pode ser encontrado numa ária extraída da ópera *Orfeu e Eurídice*, de Gluck:

> *J'ai perdu mon Euridice,*
> *Rien n'égale mon malheur,*
> *Sort cruel, quelle rigueur,*
> *Rien n'égale mon malheur.*[2]

Boyé comenta que o estilo da melodia adapta-se a uma poesia mais alegre, de modo que as palavras seguintes teriam sido, segundo ele, "mais apropriadas" (ibidem, p.290):

> *J'ai trouvé mon Euridice,*
> *Rien n'égale mon bonheur;*
> *Quels moments! Quels transports!*
> *Rien n'égale mon bonheur.*[3]

---

1 O exemplo dado por Boyé tornar-se-ia célebre ao ser citado por Hanslick (1992, p.45-7) no segundo capítulo de seu ensaio *Do belo musical*. Cabe lembrar aqui que esse exemplo não consta da primeira edição, sendo acrescentado por Hanslick somente a partir das edições seguintes.

2 "Perdi minha Eurídice/ Nada se iguala à minha infelicidade/ Destino cruel, que rigor / Nada se iguala à minha infelicidade".

3 "Encontrei minha Eurídice/ Nada se iguala à minha felicidade/ Que momentos! Que arrebatamentos! / Nada se iguala à minha felicidade".

48 MÁRIO VIDEIRA

Ele observa que o cantor, ao *interpretar* essa ária no palco, tem a habilidade de corrigir os defeitos da melodia com sons mais patéticos, conseguindo fazer que os ouvintes cheguem às lágrimas. O autor reconhece certas "qualidades características" da música: ingênua em *romances*; alegre em *alemandas*; viril e majestosa em *marchas militares*; langorosa em *adagios* e *cantabiles* etc. No entanto, "todas essas manifestações são apenas modificações do estilo musical, mas eu repito que não há música seja para o ódio, nem para a amizade, nem para o desdém, [...] raiva, desespero etc." (ibidem).[4]

Após conceder à música aquilo que ele denominou "qualidades características", Boyé "deixa para a [arte] declamatória o vasto império da expressão" (ibidem, p.291).

Ele procura provar que a música que mais se aproxima da expressão – o recitativo – é também a mais enfadonha. Esse gênero musical, liberto de todos os ornamentos do canto, consegue copiar, tanto quanto a arte permite, as entonações da conversação: por isso mesmo, o recitativo não proporciona nenhum prazer delicioso e é intolerável "por mais de dez minutos". Já as árias melódicas constituem-se num gênero superior aos recitativos: elas conseguem agradar o ouvido mesmo quando não se compreendem as palavras e inspiram interesse mesmo quando tocadas em instrumentos. Experimente-se, sugere Boyé, tocar um recitativo numa flauta: toda a plateia irá embora (ibidem, p.292).

Quanto à *musique pittoresque* – aquela que imita o canto dos pássaros, sons de animais e de objetos inanimados –, Boyé acredita não ser difícil provar a inexistência de tal coisa. Ele afirma que somente um único canto de pássaro pode ser escrito: o canto do cuco (dois sons facilmente perceptíveis para o músico: terça maior). Mesmo as peças que imitam o cuco fazem-no "com inúmeras modulações". Quanto a outros pássaros, é impossível escrever seu canto: seus sons são indeterminados, assim como o da voz falada. O mesmo ocorre com os sons de animais.

---

4 Boyé (1986, p.290) pergunta: "Porque o [aspecto] exterior de uma prisão possui um caráter triste e sombrio, seria o arquiteto suficientemente tolo para concluir a partir daí que ela expressa o pesar daqueles que estão em seu interior?".

A tentativa de imitar objetos inanimados (correr do rio, cair das folhas, cachoeiras, tempestades) por meio da música chega às raias do absurdo, na sua opinião. Esses não podem ser imitados, pois são apenas ruídos e, consequentemente, "não têm a menor relação com a música" (ibidem, p.293). As inúmeras tentativas dos compositores nesse sentido são por ele descartadas com fina ironia: "O quê? Senhores, só porque tocais muitas notas em vossos instrumentos, devo eu tomar isso por batalhas, ou pela impetuosidade dos ventos [...]?". Boyé afirma, então, a impossibilidade de "acreditar que a música é uma arte imitativa" (ibidem).

Ora, se ela não é uma arte imitativa, então o que é a música? Boyé a considera somente de acordo com o seu aspecto sensível, como um mero prazer dos sentidos. Para Boyé, um concerto é para o ouvido o mesmo que um banquete é para o paladar, um perfume para o olfato ou os fogos de artifício para os olhos. Assim, "o principal objetivo da música é agradar-nos fisicamente, sem que a mente se coloque o problema de nela procurar por inúteis comparações. *Deve-se vê-la inteiramente como um prazer dos sentidos e não da inteligência*" (ibidem, p.294 – grifo nosso).

Influenciado pelos trabalhos tanto de Morellet quanto de Boyé, os escritos sobre música de Michel-Paul-Guy de Chabanon (1730-1792), como bem notou o musicólogo Roger Cotte,[5] marcam uma das primeiras tentativas de levar a cabo uma estética da arte autônoma, independentemente da doutrina da imitação.

Além disso, a valorização da música puramente instrumental constitui um traço inovador de seu pensamento ante a atitude geral da época.[6] Nas palavras de Belinda Cannone (1990, p.155), "suas conclusões [...] fazem dele um dos autores mais importantes na reflexão sobre a música do século XVIII".

Chabanon publica, em 1779, um ensaio intitulado *Observations sur la musique et principalement sur la métaphysique de l'art*,[7] que

---

5 Dicionário *Grove* (1980), verbete "Chabanon".

6 É interessante assinalar a existência do artigo de M. Lussy, "Chabanon, précurseur de Hanslick", publicado em 7 de maio de 1896 na *Gazette Musicale de la Suisse Romande*.

7 Observações sobre a música e principalmente sobre a metafísica da arte.

50 MÁRIO VIDEIRA

seria publicado numa versão aumentada em 1785, sob o título *De la musique considerée en elle-même et dans ses rapports avec la parole, les langues, la poésie et le théâtre*,[8] contendo uma nova seção dedicada às relações entre a música e as demais artes.

Na polêmica entre Rameau e Rousseau a propósito da superioridade da harmonia ou da melodia, Chabanon opta pelo caminho do meio: atribui a primazia à melodia, embora não deixe de reconhecer o valor e a importância da harmonia:

> É impossível imaginar um canto que não comporte um baixo e partes harmônicas: é igualmente impossível conceber uma sequência de acordes agradáveis ao ouvido dos quais não se possa tirar motivos melódicos. Assim, a harmonia existe implicitamente na melodia e a melodia existe implicitamente na harmonia. Não se pode dizer qual das duas gera a outra, elas geram-se reciprocamente e, de um modo implícito, não podem subsistir uma sem a outra. [...] A melodia é, portanto, soberana da música, ainda que considerada parte da harmonia. É ela que acomoda os materiais que a harmonia lhe fornece. [...] A harmonia é tributária e súdita da melodia: não deve ousar nada senão com o consenso daquela que a domina. (apud Fubini, 1986, p.332-5)

No segundo capítulo de seu ensaio *Observations sur la musique* (1779), Chabanon dedica-se à crítica do princípio de imitação. A seu ver, sob a justificativa de submeter todas as artes a um princípio geral, acabou-se por aceitar tal princípio de maneira indiscriminada.

Seu principal objetivo é, portanto, julgar se o princípio de imitação é aplicável à música, assim como às demais artes.

Chabanon julga que a harmonia não está ligada aos fundamentos da música. Prova disso é que muitos séculos se passaram sem que os homens se familiarizassem com ela. Além disso, muitas nações estrangeiras e também os povos selvagens não aprenderam a empregá-la. A partir daí, pode-se facilmente perceber, escreve Chabanon, que o princípio e a essência da música encontram-se na *melodia*: o

---

8 Da música considerada nela mesma, e nas suas relações com a palavra, as línguas, a poesia e o teatro.

que é próprio da música é "cantar" e, segundo ele, exigir da música o que ela não pode fazer por meio do canto, é infligir-lhe leis absurdas, pervertê-la, desnaturá-la (Chabanon, 1986, p.296). Nessa exigência fundamentar-se-á a crítica que Chabanon fará ao princípio de imitação.

Tal como Boyé, Chabanon considera que, tomado num sentido estrito, o canto só pode imitar aquilo que canta e que, portanto, a imitação na arte musical nunca se assemelha ao modelo. Citando Morellet, Chabanon afirma que a imitação exata não proporciona prazer e que "as artes são mais do que uma imitação exata da natureza".

A seu ver, a imitação tem uma parte muito pequena nos efeitos agradáveis da música: é a melodia que proporciona tais efeitos. Tal como Boyé, Chabanon considera a música um "prazer dos sentidos". De fato, a música agrada independentemente da imitação. Prova disso é o efeito que ela exerce sobre os bebês, sobre povos selvagens e também sobre os animais.[9] Como nota Catherine Dubeau (2002, p.65):

> Embora se possa duvidar do valor etnológico dos exemplos escolhidos por Chabanon, notadamente no que concerne aos selvagens, eles conduzem, contudo, o autor à conclusão de que, para todos aqueles que se servem da música por instinto, ela "não imita e não procura imitar". Eis o fragmento tantas vezes citado e que, fora de seu contexto, deixa crer que o autor recusa à música toda função imitativa. Na verdade, o que Chabanon contesta não é tanto que a música seja capaz de imitar [...] mas antes, que se faça disso [da imitação] a propriedade essencial e fonte indispensável do prazer que ela proporciona. Ora, o exemplo da criança, do selvagem e dos animais prova que "ela agrada independentemente de qualquer imitação" e isso porque o prazer que ela proporciona está ligado à sensação antes que à significação.

Além disso, "[...] os sons em si não possuem uma significação precisa, nunca apresentam ideias claras e distintas". Por isso

---

9 Chabanon afirma que os animais são suscetíveis à música e que isso não se dá em virtude da imitação. Essa nada representa para um animal, uma vez que só se aprecia uma imitação na medida em que se compreende a sua dificuldade.

procuram-se relações e analogias entre a música e os vários objetos e efeitos da natureza. A música é chamada "arte imitativa" quando, na verdade, imita com dificuldade. Na música, "cada som depende daquele que o precedeu, e de acordo com as relações de sons que se sucedem uns aos outros, eles assumem um caráter de gentileza ou aspereza, de langor ou vivacidade". Desse modo, "não devemos aplicar indistintamente à música tudo o que possa ser verdadeiro para as outras artes" (Chabanon, 1986, p.301-2).

Ao realizar o exame dos *meios* pelos quais a música produz suas imitações, o autor constata que essa só imita *genuinamente* quando tem outros cantos por objeto: a música pode imitar com veracidade fanfarras militares, chamadas de caça etc. Para além desse limite a imitação fica enfraquecida, pela *insuficiência de meios* que a música emprega para a imitação. A música somente pode tentar imitar os efeitos naturais de maneira muito imperfeita, num esforço infrutífero de tentar pintar o que não se pode pintar. Chabanon considera que "pintar" é apenas a segunda tarefa do músico: a primeira tarefa é "cantar".

A arte da pintura imita porque a imitação pertence à essência dessa arte, mas a música, pelo contrário, "agrada sem imitação, pelas sensações que proporciona; suas pinturas são sempre imperfeitas, consistindo às vezes em uma analogia com o objeto que se deseja imitar" (ibidem, p.304).

Uma das vantagens da "imitação" em música está, entretanto, no aumento de interesse na ópera, já que o ouvinte é afetado por todos os sentidos ao mesmo tempo. Entre as desvantagens, o autor afirma que a pintura de efeitos naturais limita e constrange a condução da melodia.

Fora da ópera, a música ganha pouco ao ser imitativa. Chabanon considera que quanto mais o ouvido é treinado, sensível e dotado de instinto musical, mais facilmente se dispensam as palavras:

> Fora do teatro, a única vantagem, talvez, da música com palavras sobre a que não as tem, é que aquela [ou seja, a música com palavras] ajuda [...] os *demi-conoisseurs* e os ignorantes a fixar o caráter de cada peça, indicando o significado, que eles não poderiam conceber sem esse

auxílio, enquanto a música puramente instrumental deixa seu espírito em suspense e em inquietação sobre a significação do que se está ouvindo. (ibidem, p.306)

Chabanon discorda da hipótese rousseauniana de que música e linguagem teriam uma origem comum. Seu primeiro argumento é o seguinte:

> A música instrumental necessariamente precedeu a música vocal, pois quando a voz canta sem palavras, ela nada mais é do que um instrumento. Todos os filósofos, até o presente, encararam a música vocal como anterior à instrumental, porque consideravam o discurso como a mãe do canto, uma ideia que acreditamos ser absolutamente falsa. (ibidem, p.309)

Em segundo lugar, assim como Boyé, Chabanon admite à música somente os intervalos perceptíveis ao ouvido e passíveis de cálculo – que diferem dos intervalos empregados na fala e que não podem ser percebidos, nem calculados. Por fim, uma vez que a fala não emprega trilos, *roulades*, refrães ou *rondeaux* etc., ele considera que o *processo* do canto difere do processo do discurso, de modo que sua conclusão não poderia ser outra senão que *a música instrumental nada tem em comum com a linguagem*.

Mesmo o recitativo,[10] que aparentemente estaria tão próximo da fala, diverge fundamentalmente dessa porque necessita sempre do acompanhamento de um baixo contínuo.

Ele conclui, portanto, ser *falso* o princípio segundo o qual o mérito do canto consistiria em assemelhar-se ao discurso. Da mesma

---

10 Chabanon (apud Lévi-Strauss, 2001, p.86-7) considera ser o recitativo "uma espécie de monstro anfíbio, metade canto, metade declamação", em suma, "um canto deteriorado [...]: se lhe tirarmos a precisão rítmica [está a] um passo da mera palavra". Nesse aspecto, as concepções de Chabanon parecem anunciar aquelas que seriam defendidas por Hanslick em meados do século seguinte. Lévi-Strauss (2001, p.87) nota que, de acordo com Chabanon, um recitativo, ainda que benfeito, cujas palavras fossem ignoradas, jamais permitiria adivinhá-las, de maneira que, entre música e palavra, no recitativo, tecem-se laços: "o sentido das palavras lança outra luz sobre os sons".

54 MÁRIO VIDEIRA

forma, a expressão do canto não consiste na imitação do grito inarticulado das paixões, uma vez que, como já se viu, o princípio constitutivo da música é a *melodia*. Além disso, tal como afirmara Boyé, de um grito não se faz um canto, e os instrumentos, que são "incapazes dos gritos da voz humana, não são intérpretes menos eloquentes da energia e da expressão da música" (ibidem, p.312).

Ora – perguntar-se-á Chabanon –, como a música, sem recorrer à imitação, discursos ou gritos, expressa[11] as paixões? Para ele, todos os meios de expressão devem-se à melodia e não à harmonia, bem como às variações de andamento, dinâmica etc. Dentre os meios naturais que dão a uma melodia o *caráter*[12] de tristeza ou de alegria, de suavidade ou resolução, Chabanon afirma que o modo menor produz, em geral, uma impressão sensível mais doce e suave do que o modo maior. No modo menor, o sexto grau da escala é mais terno que os outros. Os sons agudos, por serem mais claros e brilhantes, parecem incitar à alegria, ao passo que os sons graves parecem dispor à ternura.[13] Uma música terna requer movimentos mais lentos, com articulação *legato*, enquanto uma música mais alegre emprega uma articulação *staccato* ou um ritmo de notas pontuadas (ibidem, p.314).

Chabanon nota que o *efeito* produzido por uma música é apenas uma sensação e não um sentimento distinto: se, após ouvir uma ária sem palavras, perguntar-se que *sensação distinta* ela suscita, tal questão é impossível de responder. Supondo que se trata de uma ária *terna*, não se pode afirmar com certeza se se trata da ternura de um amante por sua senhora, de um filho por seu pai etc.

---

11 É importante ressaltar a distinção que Chabanon faz entre as noções de *imitação*, ou seja, a pintura de impressões relacionadas aos nossos sentidos; e *expressão*, ou a pintura de nossos sentimentos.

12 Como nota Catherine Dubeau (2002, p.69), "o *caráter* designa o movimento geral da composição e, por esta razão, ele não deve ser confundido com um sentimento ou uma paixão. [...] O caráter musical produz sobre nós uma sensação que pode certamente modificar nosso estado de alma, mas cabe à memória e à imaginação do ouvinte ou ainda às palavras acrescentadas à música fornecer-lhe um sentido mais preciso. [...] Um mesmo caráter pode ser associado a paixões e sentimentos bastante diferentes".

13 Uma hipótese para isso seria que as vibrações das cordas comunicariam vibrações similares aos nossos nervos.

O ROMANTISMO E O BELO MUSICAL   55

Cabe lembrar, por fim, que um dos aspectos mais modernos da obra de Chabanon é a reivindicação da autonomia do signo musical com relação ao signo linguístico, como bem notou C. Dubeau (2002, p.73-4):[14]

> Chabanon é o primeiro músico francês do século XVIII a explicar em termos claros que os sons musicais não são "expressão da coisa", mas "a coisa mesma", anunciando ao mesmo tempo o acesso a uma concepção de música liberta da analogia com o sistema linguístico [...]. Chabanon demonstra que a música "exclui o dicionário", que não é possível associar a uma sequência de notas musicais um sentido definitivo tal como o supõem as palavras formadas pelas letras do alfabeto. Essa tradição entre canto e palavra é uma refutação direta de todo um lado da tradição imitativa que [...] pensava a representação das paixões sobre a base de uma analogia sonora e estrutural entre acentos musicais e linguísticos [...].

---

14 Quanto a esse aspecto, ver a magistral análise feita por C. Lévi-Strauss (2001, p.71-96).

3
A DOUTRINA DOS AFETOS[1] E A MÚSICA COMO REPRESENTAÇÃO DOS SENTIMENTOS

A representação musical dos afetos[2] é um dos *topoi* da estética e teoria musical do período barroco. Na realidade, a exigência de que a música movesse os afetos era bem anterior: os primeiros tratados que relacionam música e retórica remontam ao final do século XVI e início do século XVII, e já no tratado de Zarlino (*Le istitutioni Harmoniche,* 1558) é possível encontrar recomendações para que os compositores se esforçassem em "mover o ânimo e dispô-lo a vários afetos".

A partir do emprego de figuras musicais pretendia-se ilustrar ou enfatizar palavras e ideias no texto. Conforme observa Lippmann

---

1 Embora muitos estudos sobre música barroca publicados a partir do século XIX façam inúmeras referências a uma *Doutrina dos afetos* (*Affektenlehre*), nunca se estabeleceu de fato na teoria barroca nenhuma doutrina ampla e organizada de como realizar os afetos em música. De acordo com Georg Buelow (1980, p.794), uma vez que "há inúmeros conflitos na terminologia e na definição entre os vários autores", pode-se perceber que "claramente não existe nenhuma *doutrina sistemática* das figuras musicais na música barroca [...], não obstante as frequentes referências a tal sistema em Schweitzer, Kretzchmar, Schering, Bukofzer e outros". A despeito de tal ressalva, empregaremos aqui a expressão "doutrina dos afetos" devido ao seu uso já consagrado e corrente na musicologia.

2 De acordo com o verbete "Rhetoric and music, §4: Affections" (*Grove Dictionary of Music*), pode-se considerar a noção de afeto como um estado emocional ou paixão racionalizada.

58 MÁRIO VIDEIRA

(1986, p.121), "essas figuras derivavam da retórica e consistiam, na sua maior parte, de seções homofônicas e vários tipos de repetição dessas seções [...] que produziam um impacto expressivo quando introduzidas no contexto de uma polifonia imitativa que é essencialmente não repetitiva".

Originalmente aplicada à polifonia, a concepção retórica da música acabou por desempenhar um papel predominante também na estética da monodia dramática.

A isso se acrescenta uma explicação mecânica dos afetos, "sentimentos" estereotipados que eram simbolizados por meio de padrões intervalares, rítmicos e melódicos. "Os afetos eram suscitados no ouvinte quando os padrões sonoros aos quais eles eram correlacionados produziam movimentos análogos nos fluidos corporais ou espíritos vitais" (ibidem).

Quando a polifonia renascentista começa a ser substituída pela monodia florentina, a função da música passa a ser cada vez mais a de representar e estimular sentimentos e paixões.

Influenciados pelo ideal grego, pretendia-se dar o máximo de compreensão ao texto, ficando a música relegada a um plano meramente secundário, cuja função era fornecer um suporte harmônico ao texto.[3] Caccini (1601, p.4) relata essa transição da seguinte maneira:

> Nos tempos em que florescia em Florença a virtuosíssima Camerata do Ilustríssimo Senhor Giovanni Bardi [...], para onde concorriam não só grande parte da nobreza, mas também os principais músicos e engenhosos homens e Poetas e Filósofos da Cidade [...] posso dizer verdadeiramente haver aprendido mais dos seus doutos discursos, que em mais de trinta anos, do contraponto [...]. Estes fidalgos convenceram--me [...] com claríssimas razões, a não apreciar aquela espécie de música, que não deixando bem compreender as palavras, corrompe o conceito

---

3 Essa "nova música", que privilegiava a inteligibilidade do texto, com acompanhamento musical simples, era absolutamente nova para a época e seu impacto só pode ser compreendido com relação ao estilo anterior, representado pelas requintadas composições contrapontísticas da escola franco-flamenga e do jovem Monteverdi.

O ROMANTISMO E O BELO MUSICAL **59**

e o verso, ora alongando e ora encurtando as sílabas para acomodar-se ao contraponto [...], mas a ater-me àquela maneira tão elogiada por Platão e por outros Filósofos, que afirmaram que a música nada mais era que a fala e o ritmo, e por último, o som, e não o contrário.

Caccini (1601, p.4 e 6) afirma que o objetivo do músico deve ser "deleitar e mover" os afetos do ânimo. Entretanto, não se poderia mover o intelecto sem a inteligibilidade das palavras e, por isso, os cantos a uma só voz, acompanhados por um simples instrumento de corda, teriam muito mais força para "deleitar e mover" do que muitas vozes juntas, tal como nos madrigais contrapontísticos. Harnoncourt (1990, p.170) afirma que a partir da ligação de certas palavras com determinadas figuras musicais, foi-se constituindo aos poucos um verdadeiro "vocabulário" de figuras musicais que possuíam "sentido determinado e eram familiares a todo ouvinte culto".[4] A partir do estabelecimento de tal convenção é que foi possível a utilização desse repertório de figuras na música instrumental, independentemente de qualquer texto: "graças somente à figura musical, o ouvinte faria a associação com a linguagem" (ibidem).

De maneira geral, poder-se-ia, assim, afirmar que a representação dos afetos – tanto na música vocal quanto na instrumental – durante o período barroco tornou-se o principal objetivo do compositor e a base de inúmeros tratados: "O compositor era obrigado, tal como o orador, a suscitar nos ouvintes estados emocionais idealizados – tristeza, ódio, amor, raiva, dúvida e assim por diante – e cada aspecto da composição musical refletia esse propósito" (Buelow, 1980, p.800). Entretanto, deve-se ressaltar que

> Compor música com uma unidade estilística e expressiva baseada num afeto era um conceito racional e objetivo, e não uma prática equiparável aos interesses do século XIX para com a criatividade emo-

---

4 Na ópera francesa do século XVIII podemos encontrar ainda vestígios dessa concepção, e Harnoncourt (1990, p.173) chama a atenção para a subordinação da música ao texto presente, sobretudo nas "árias de conteúdo estereotipado" (ária de vingança, ária de ciúme, ária de amor etc.), de presença infalível em todas as óperas.

60 MÁRIO VIDEIRA

cional espontânea e as respostas emocionais igualmente espontâneas da plateia. O compositor barroco planejava o conteúdo afetivo de cada obra, seção ou movimento [...] e esperava que a reação da plateia fosse baseada numa compreensão igualmente racional do significado de sua música. (ibidem)

Melodia (intervalos), harmonia, ritmo, gradações de tempo, dinâmica, instrumentação etc. – tudo isso era empregado em razão da imitação ou representação dos afetos.

Assim, para Andreas Werckmeister, por exemplo, o afeto da alegria poderia ser representado pelo emprego do modo maior, de um tempo mais rápido, predominância de consonâncias e intervalos amplos; por sua vez, o afeto da tristeza deveria ser representado pelo emprego de tonalidades menores, de tempos mais lentos, uso frequente de dissonâncias, e intervalos melódicos pequenos (semitom, cromatismo).[5]

Similarmente, para Athanasius Kircher, o afeto da tristeza poderia ser expresso por meio de intervalos pequenos e em movimento descendente (especialmente semitons e passagens cromáticas), pelo emprego de dissonâncias, síncopes e movimentos lentos. O afeto da alegria deveria ser expresso por grandes intervalos, privilegiando o modo jônico (modo maior), uso parcimonioso de dissonâncias e síncopes, movimentos rápidos e, ocasionalmente, movimentos de dança em compasso ternário (cf. Eggebrecht, 1996, p.353).

Conforme lembra Fubini (1995, p.87), durante o século XVIII, é sobretudo na Alemanha que a doutrina dos afetos alcança seu maior desenvolvimento. Com a publicação do tratado *Das neu-eröffnete Orchestre* em 1713, Johann Mattheson procura aplicá-la aos instrumentos, seguido por J. Adolph Scheibe, quem procura "codificar a correspondência entre determinadas *figuras* (isto é, grupos de notas), determinados intervalos, determinados acordes harmônicos ou grupos de acordes e o afeto correspondente, formando, assim, uma espécie de léxico musical".

---

5 Cf. verbete "Affektenlehre", *Riemann Musik Lexicon (Sachteil)*, p.11.

O tratado *Das neu-eröffnete Orchestre*, já mencionado, contém uma descrição das propriedades afetivas das várias tonalidades. Mattheson aceita a distinção básica das terças maiores e menores como alegres e tristes, respectivamente, e acrescenta a isso uma caracterização das escalas mais comuns, como podemos notar a partir do exemplo seguinte (apud Catenhusen, 2000, p.26):

> **Sol menor:** é quase o tom mais belo de todos, porque ele não somente [...] mistura uma considerável seriedade com uma graça animada, mas conduz consigo uma extraordinária formosura e cortesia; **Dó maior:** possui uma qualidade consideravelmente rude e audaciosa; **Fá maior:** é capaz de exprimir os mais belos sentimentos do mundo, seja a generosidade, a constância, o amor, ou o que mais esteja nesse registro de virtude.

O mais célebre tratado de Mattheson (*Das vollkommene Capellmeister*, 1739), por sua vez, acentua o caráter moral que a música deve exercer sobre os ouvintes:

> [...] é indispensável que um mestre de capela [*Capellmeister*] saiba ao menos [...] que as inclinações do ânimo dos homens são a verdadeira matéria da virtude e que esta nada mais é que uma inclinação do ânimo bem encaminhada e secundada com inteligência. Onde não se encontram nem paixões nem afetos, também não se encontra a virtude. Se nossas paixões estão enfermas é preciso curá-las e não matá-las. (Mattheson apud Fubini, 1986, p.257)

Um mestre de capela deve saber representar "os vícios e as virtudes" com os sons e deve saber infundir "no ânimo do ouvinte, o amor pela virtude e a repugnância pelo vício, pois que o justo atributo da música é ser uma teoria da educação" (ibidem):

> Pois que a alegria é sentida, por exemplo, como uma intensificação dos nossos espíritos vitais, segue-se daí de modo racional e natural que se pode exprimir este afeto, da melhor maneira, com intervalos amplos [...]. Pelo contrário, sabe-se que a tristeza é o restringir-se daquelas pequenas partes de nosso corpo e é, portanto, fácil julgar que os pequenos

62 MÁRIO VIDEIRA

e pequeníssimos intervalos convêm a essa paixão de modo mais adaptado. [...] Agora, à frente de todos os sentimentos, é certamente justo colocar o amor, pois ele também na música ocupa um espaço muito maior que as outras paixões. A esse propósito é importante que um compositor distinga exatamente qual o tipo ou gênero de amor que ele tem diante de si ou que escolheu como tema. (ibidem, p.257-8)

E assim por diante: o orgulho e a soberba devem ser expressos com "uma particular seriedade e um movimento cerimonioso", enquanto a modéstia e a paciência, pelo contrário, não devem ter "nada de solene" (ibidem, p.260).

Também o correto emprego do ritmo é de importância indiscutível para a expressão dos afetos. Mattheson nota que pela simples modificação de um ritmo consegue-se transformar um coral religioso numa dança (cf. Catenhusen, 2000, p.22). A partir de uma analogia com os pés métricos da poesia grega ele emprega o que chama de "pés-sonoros":[6] assim, o *dáctilo* (longa-curta-curta), por exemplo, é descrito por ele como um ritmo muito comum, que serve tanto para melodias sérias como para melodias mais jocosas; o *anapesto* (curta--curta-longa) é descrito como um ritmo alegre; enquanto o *molosso* (longa-longa-longa) é descrito como um ritmo sério, majestoso. Mattheson procede de maneira similar na descrição dos tipos de dança (ibidem, p.23): o *minueto* expressa uma "alegria moderada", a *gavota* expressa o afeto de uma "alegria verdadeira e jubilosa". A *bourée*, por sua vez, expressa o contentamento; a *sarabanda* expressa a *ambição*; a *courante*, uma doce esperança; e a *allemanda* expressa um ânimo satisfeito ou divertido. Quanto ao emprego da harmonia, deve-se privilegiar o uso de consonâncias e sons agradáveis. Mattheson compara uma boa peça musical com uma comida bem temperada: as dissonâncias "são como o sal, o tempero, o condimento da harmonia" (ibidem, p.25) e devem ser empregadas com parcimônia, sobretudo na ênfase de palavras importantes. Mattheson recomenda

---

6 Note-se, contudo, que a classificação dos pés rítmicos é muito mais antiga, estando presente, por exemplo, já nos escritos sobre música de Santo Agostinho (cf. Mammì, 1998, I, p.61-4).

O ROMANTISMO E O BELO MUSICAL **63**

ainda o uso de dissonâncias fortes para expressar os afetos da dor, do luto e do sofrimento.

A partir do *Sturm und Drang* e da estética do gênio, começou o declínio dessa representação objetiva de afetos, que foi substituída pela expressão de sentimentos do compositor. Já por volta de 1750 os afetos começaram a ser identificados não mais com estados emocionais racionalizados, mas sim com emoções pessoais, subjetivas, originadas no compositor. O compositor Carl Ph. Emmanuel Bach, no tratado *Versuch über die wahre Art das Clavier zu spielen* (1753-1762), afirma que o intérprete deve procurar captar "o verdadeiro conteúdo emotivo" da peça (Bach apud Fubini, 1986, p.271). Para ele, a boa interpretação consiste "na habilidade de fazer o ouvido perceber, seja cantando ou tocando [um instrumento], *o verdadeiro conteúdo e o verdadeiro sentimento* de uma composição musical" (ibidem, p.272 – grifos nossos). Ele prossegue:

> Um músico comove aos outros *somente se ele mesmo está comovido: é indispensável que ele prove todos os estados de ânimo que ele quer suscitar nos seus ouvintes*, porque de tal modo os fará compreender os seus sentimentos e os fará participar das suas emoções. Nos trechos lânguidos e tristes, tornar-se-á lânguido e triste. Também executando frases vivazes e alegres etc., o executor deve colocar-se no estado de ânimo apropriado. [...] *O executor deve estar certo de provar as mesmas emoções que o autor provava ao compor*, sobretudo nas peças muito expressivas. (ibidem, p.273-4 – grifos nossos)

Dessa forma, convém ter sempre em mente que o conceito de "expressão de sentimentos" pela música sofreu inúmeros desgastes e modificações ao longo do tempo, tornando-se, como nota C. Dahlhaus (1991, p.30-2) "ambíguo, vago e extenso":

> A doutrina dos afetos, por muito que salientasse o efeito da música, o movimento do ânimo, pressupunha implicitamente uma concepção, antes de mais, objetivadora das características musicais. A convenção linguística do século XIX em falar de "expressão" ou "estado de espírito" (*Stimmung*) é enganadora ou, pelo menos, errônea, ao falar-se da

música antes de meados do século XVIII. A designação "expressão" leva a pensar num sujeito que se encontra por trás da obra e fala de si mesmo na "linguagem sensível" musical. [...] Só mais tarde [...] interpreta-se a impressão emocional objetiva como estado ou como signo [...]. O modo de falar do século XVII e do princípio do século XVIII de que o objetivo da música é *affectus exprimere* seria mal entendido se se falasse de "expressão" e se pensasse na manifestação das moções sentimentais do compositor ou do intérprete. Os afetos eram representados, retratados, mas não "extraídos da alma", arrancados do íntimo agitado.

4
A MÚSICA EM KANT E NO PÓS-KANTISMO[1]

Não obstante algumas tentativas (como vimos, por exemplo, nos escritos de Rameau) de conferir um papel de maior importância à música, essa desempenha, na obra do filósofo Immanuel Kant, apenas um papel de pouca relevância. A reflexão kantiana acerca da música levanta algumas questões, cuja solução deixa transparecer uma certa ambiguidade por parte de Kant quanto ao lugar a ser ocupado pela música na comparação do valor estético das belas-artes entre si (§ 53), chegando até mesmo a duvidar se a música realmente deveria ser contada entre essas.

Para que possamos compreender de que forma se coloca o problema da música na estética kantiana, é preciso levar em consideração o conceito de "agradável" [*Angenehmen*], que é definido por Kant como aquilo que apraz aos sentidos na sensação (§ 3) e que, portanto, permanece como algo meramente subjetivo e empírico. O problema da música coloca-se já a partir do material que a constitui, a saber, o som. Esse é colocado por Kant sob a suspeita de ser um mero atrativo (§ 14), voltado para a simples sensação. Kant afirma (§ 14) que um juízo de gosto somente pode ser considerado puro "na medida

---

1 Salvo indicação contrária, as indicações de parágrafos (§) neste capítulo referem-se à *Crítica da faculdade do juízo*, de Kant.

66 MÁRIO VIDEIRA

em que nenhum comprazimento [*Wohlgefallen*] meramente empírico é misturado ao fundamento de determinação do mesmo". Assim, o que constitui o fundamento de toda a disposição para o gosto não é o que deleita na sensação, mas o que apraz pela sua forma.

A partir disso, coloca-se a questão: poderia a música ser considerada como uma arte bela, capaz de "promover a cultura das faculdades do ânimo", ou deveríamos considerá-la somente como uma arte agradável?

Examinemos a distinção que Kant faz entre arte bela e agradável (§ 44): uma arte é *agradável* "se o seu fim é que o prazer acompanhe as representações enquanto simples *sensações* [*Empfindungen*]". Pelo contrário, uma arte é *bela* se o seu fim é que o prazer acompanhe as representações "enquanto *modos de conhecimento*":

> Artes agradáveis[2] são aquelas que têm em vista simplesmente o gozo [...]. Bela arte ao contrário é um modo de representação que é por si própria conforme a fins e, embora sem fim, todavia promove a cultura das faculdades do ânimo à comunicação em sociedade. A comunicabilidade universal de um prazer já envolve no seu conceito que o prazer não tem que ser um prazer do gozo a partir de simples sensação, mas um prazer da reflexão; e assim a arte estética é, enquanto arte bela, uma arte que tem por padrão de medida a faculdade do juízo reflexiva e não a sensação sensorial. (ibidem)

Essa distinção é importante para compreendermos a posição assinalada à música na hierarquia das artes. Tal como outros autores de sua época, também Kant, no §51 da sua terceira *Crítica*, procura estabelecer uma divisão entre as belas-artes. Para esse fim determina como princípio para tal divisão a analogia da arte com o modo de expressão dos homens, que consiste na palavra, no gesto e no som. Há, portanto, segundo Kant, somente três espécies de belas-artes: as artes elocutivas, as figurativas e a arte do jogo das sensações (como

---

2 Kant (1998a, § 44, p.209) fornece, como exemplo de arte agradável, a música de mesa: "uma coisa singular, que deve entreter, somente como um rumor agradável, a disposição dos ânimos à alegria e, sem que alguém conceda à sua composição a mínima atenção, favorece a livre conversação entre um vizinho e outro".

impressões externas dos sentidos) (§51). As Artes *Elocutivas* são as artes por representações da simples faculdade da imaginação, que são excitadas por palavras, a saber, a Eloquência e a Arte Poética. Por sua vez, as Artes *Figurativas*, ou artes "da expressão por ideias na intuição dos sentidos", podem ser divididas em a) artes da *verdade dos sentidos* e b) artes da *aparência dos sentidos*: "A primeira [ou seja, a da verdade dos sentidos] chama-se *plástica*, a segunda, *pintura*. Ambas formam figuras no espaço para a expressão de ideias: aquela dá a conhecer figuras por dois sentidos, a vista e o tato [...], a pintura somente pela vista"(§51, item 2).

À plástica pertencem, segundo Kant, a escultura e a arquitetura. Já à arte pictórica pertencem a pintura – como arte da descrição bela da natureza – e a jardinagem – como arte da composição bela dos produtos da natureza. Por fim, temos a arte do *belo jogo das sensações*, que "pode ser dividida no jogo artístico das sensações do ouvido e da vista, por conseguinte em música e arte das cores".

No que concerne à comparação do valor estético das artes entre si, Kant considera que "entre todas as artes a poesia [...] ocupa a posição mais alta":

> Ela alarga o ânimo pelo fato de pôr em liberdade a faculdade da imaginação e de oferecer dentro dos limites de um conceito dado, sob a multiplicidade ilimitada de formas possíveis concordantes com ele, aquela que conecta a apresentação daquele com uma profusão de pensamentos, à qual nenhuma expressão linguística é inteiramente adequada, e portanto se eleva esteticamente às ideias. (§53)

Entre as artes figurativas, é a pintura que tem a preferência, "em parte porque como arte do desenho ela está na base de todas as demais artes figurativas, em parte porque ela pode penetrar muito mais na região das ideias e também pode estender [...] o campo da intuição mais do que é permitido às demais artes (ibidem).

No que diz respeito à arte dos sons, seu posicionamento será decidido com base na questão se a música é de fato uma arte bela ou se, na verdade, ela nada mais é que uma arte agradável. Kant afirma que não se pode dizer com certeza se um som é simplesmente uma sensação agradável, "ou se já é em si um jogo belo de sensações e se

68 MÁRIO VIDEIRA

como tal traz consigo, no julgamento estético, um comprazimento na forma" (§ 51, item 3). Ele pondera que, se considerarmos o aspecto matemático das proporções entre as vibrações das quais se compõe a música, "poderíamos ver-nos coagidos a não considerar as sensações de ambos como simples impressão dos sentidos, mas como efeito de um julgamento da forma no jogo de muitas sensações" (§ 51), de modo que, de acordo com tal modo de explicação, a música poderia ser representada inteiramente como bela arte.

Somente as proporções matemáticas presentes nas vibrações do som, entretanto, não parecem ser suficientes a Kant para fundamentar a música como arte bela, uma vez que sua "beleza formal" não passaria de um momento oculto na impressão da música, que não possui a mínima participação no atrativo e no movimento do ânimo (§ 53).

Apesar de reconhecer os fundamentos matemáticos da música, Kant tende a considerá-la mais como arte agradável, e que com muito custo pode ser incluída entre as belas artes. Kant (1998a, § 52, p.232) afirma:

> Pois em toda a bela arte o essencial consiste na forma, que convém à observação e ao julgamento e *cujo prazer é ao mesmo tempo cultura* e dispõe o espírito para ideias [...]; não consiste na matéria da sensação [*Empfindung*] (no atrativo ou na comoção), disposta apenas para o gozo, o qual não deixa nada à ideia, torna o espírito embotado, o objeto pouco a pouco repugnante e o ânimo insatisfeito consigo e instável, pela consciência da sua disposição adversa a fins no juízo da razão. (grifo nosso)

Tal exigência explica, talvez, o parco valor atribuído à música, na comparação do valor estético das belas-artes entre si: por ser a arte mais próxima do "meramente agradável", a música seria também a arte menos habilitada do ponto de vista da razão.[3]

---

3 De acordo com Carl Dahlhaus (1988, p.52), "Kant nega à música o âmbito mais alto do estético, no caso da sua 'beleza formal' elementar não se desdobrar em 'cultura', mas se extinguir por meio de efeitos sensíveis agradáveis". Ainda de acordo com esse autor, para Kant, "a música como tal está excluída do âmbito da 'cultura' não somente porque a sua 'beleza formal' (as proporções dos sons) é ocultada pelo agrado dos sentidos, mas também porque ela é uma mera impressão transitória" (ibidem, p.54).

No §71, item B da *Antropologia*, Kant chega mesmo a afirmar que a música somente é uma arte bela, e escapa ao simples agrado, "porque serve de veículo à poesia".

Como bem notou Carl Dahlhaus (1991, p.49-50):

> A suspeita com que Kant [...] aborda a pretensão da música de contar-se entre as belas-artes concerne, em primeiro lugar, à música instrumental. Por um lado, esta encontra-se exposta [...] à suspeita de ser um conjunto de sons vazios e sem forma. Por outro lado, Kant [...] vê na música instrumental, desprovida de palavras, a música genuína, que subsiste puramente por si. Justamente ao chegar a si mesma é que ela, a música, é inferior, um entretenimento agradável, mas que "não harmoniza o espírito". Pelo contrário, logo que se associa a um texto, perde o seu caráter genuíno, elevando-se, no entanto, de fruição a cultura.

A ambiguidade na reflexão kantiana acerca da música manifesta-se numa dupla possibilidade de ajuizá-la. A ela caberia uma alta posição, se julgada segundo o movimento e o atrativo do ânimo. Nesse caso, Kant a colocaria logo após a poesia, "pois embora ela fale *por meras sensações sem conceitos*, por conseguinte não deixa, como a poesia, sobrar algo para a reflexão, contudo *ela move o ânimo de modo mais variado* e, embora só passageiramente, no entanto mais intimamente" (Kant, 1998a, §53, p.234 – grifos nossos). No entanto, ele pondera: "[...] mas ela é *certamente mais gozo que cultura* [...]. Ajuizada pela razão, *possui valor menor que qualquer outra das belas-artes.* Por isso ela reivindica, como todo o gozo, alternância mais frequente e não suporta a repetição reiterada sem produzir tédio" (ibidem – grifos nossos).

Dessa forma, de acordo com a segunda – e mais importante – maneira de julgar a música, Kant mostra-se inexorável: para ele, se a apreciação acerca do valor das belas-artes se deve dar segundo a cultura que elas alcançam para o ânimo, e se

> tomarmos como padrão de medida o alargamento das faculdades que na faculdade do juízo têm de concorrer para o conhecimento, então a música possui entre as artes belas o último lugar (assim como talvez o primeiro

entre aquelas que são apreciadas simultaneamente segundo o seu agrado) porque ela joga simplesmente com sensações. (ibidem, p.236)

Apesar da severidade do julgamento kantiano a propósito do valor da música perante as demais artes, quando julgada a partir do ponto de vista da razão, ao admitir que a música poderia alcançar um lugar elevado, se considerada a partir do ponto de vista do movimento e do atrativo do ânimo, Kant teria entrevisto a possibilidade "de revalorizar a música como puro prazer [...] em virtude de seu assemantismo. A censura que se vinha dirigindo à música por duzentos anos, qual seja, a de ser assemântica [...] pode transformar-se também em um elogio e um motivo de mérito" (Fubini, 1971, p.52). Tal concepção parece ter estado na origem da concepção romântica a respeito da música e da valorização que a elevaria ao lugar mais alto entre as demais artes, a única capaz de expressar aquilo que não pode ser expresso com palavras, uma linguagem além da linguagem.

Uma das diferenças fundamentais entre as teorias da arte do século XVIII e as do século XIX é, sem dúvida, a posição que a música passa a ocupar no interior das diversas "hierarquias da arte". Durante o romantismo alemão, a filosofia da música alcançou uma importância que jamais lhe havia sido atribuída anteriormente, e, nesse contexto, a música puramente instrumental, independentemente de textos poéticos e programas extramusicais, desempenhou um papel decisivo: somente com a emancipação da música instrumental pura, com a proclamação da música como arte autônoma, é que o seu assemantismo, que durante muito tempo foi considerado seu principal defeito, torna-se sua maior virtude. A música instrumental pura, que com muito custo era admitida no âmbito de uma teoria estética da arte do século XVIII, passa a ser encarada como o mais perfeito modelo para as outras artes. Essa inversão das concepções fundamentais da estética musical é descrita por Dahlhaus (1997, p.16) da seguinte forma:

> [...] se no século XVIII, a música instrumental era, para o senso comum, um ruído agradável, *abaixo* da linguagem, a metafísica romântica da arte fez dela uma linguagem situada *acima* da linguagem [...]. A ideia da

música absoluta – pouco a pouco e vencendo toda sorte de resistência – tornou-se o paradigma estético da cultura musical alemã do século XIX.

Assim, poder-se-ia afirmar que enquanto no século XVIII a música instrumental somente se legitimava na medida em que atuasse como "pintura" de sentimentos e emoções ou como mero reforço da ação dramática, no final desse mesmo século adquire força a concepção da música puramente instrumental como um discurso timbrado ou linguagem sonora. Atribui-se, então, à música instrumental a capacidade de agir com a mesma força da música vocal ou ainda maior, uma vez que ela poderia alcançar os mesmos efeitos dessa sem recorrer ao auxílio das palavras.[4] Embora tal concepção ainda seja tributária, em grande medida, da estética do sentimento, cabe salientar que, ao definir-se a música instrumental como uma "linguagem sonora", reconhece-se pela primeira vez uma certa lógica no interior do discurso musical.

A partir desse reconhecimento, imprime-se à questão um rumo totalmente novo, que pode ser claramente reconhecido por meio dos textos de três autores alemães dessa época, a saber, Wilhelm Heinrich Wackenroder (1773-1798), Ludwig Tieck (1773-1853) e E. T. A. Hoffmann (1776-1822).

Em seus escritos sobre música, Wackenroder, baseando-se na ideia de uma Religião da Arte, tal como seria definida por Schleiermacher,[5] extrapola os limites da música como simples linguagem: ele a considera a mais maravilhosa dentre as belas-artes, "capaz de

---

4 Um dos primeiros textos a fazer uma apologia da música instrumental autônoma é o *Vollkommener Cappellmeister* (1739) de Johann Mattheson. Ao denominá-la como "linguagem sonora" [*Ton-Sprache*], Mattheson objetivava outorgar à música instrumental o mesmo grau de importância conferido à música ligada a um texto, defendendo-a, assim, da acusação de ser um mero "ruído vazio" (cf. Dahlhaus, 1967, p.39).

5 No *Discurso sobre a Religião* (1799), Schleiermacher defende a ideia de que a essência da religião seria a contemplação e o sentimento, os quais "são descritos com formulações que se apoiam claramente sobre o modelo de contemplação estética" (Dahlhaus, 1997, p.79). A "religião do sentimento", tal como descrita por Schleiermacher, move-se em torno do conceito do "indizível".

descrever os sentimentos humanos de forma sobre-humana", uma linguagem intraduzível, "cuja pátria ninguém conhece e que comove todos os seres até a mais íntima fibra" (Wackenroder apud Iriarte, 1987, p.29-30).

Segundo Wackenroder (1945, p.172), a Natureza e a arte seriam duas "linguagens maravilhosas" por meio das quais os homens poderiam compreender as coisas celestes em toda a sua força. A linguagem das palavras é por ele considerada um instrumento demasiado terrestre e grosseiro, incapaz de apreender o incorpóreo. A arte, pelo contrário, seria capaz de exprimir o inefável, purificando e elevando a alma "mais do que a linguagem das palavras seria capaz".

Nesse panorama, no qual Wackenroder atribui à arte tão elevada função na vida espiritual do homem, a música aparece num patamar ainda mais elevado, capaz de falar diretamente à essência da alma humana. Para Wackenroder (apud Iriarte, 1987, p.39), "nenhuma arte, senão a música, possui uma matéria-prima tão impregnada de espírito celestial". Em razão disso, ele afirma que "nenhuma outra arte consegue fundir de modo tão enigmático estas qualidades da profundidade, da força sensível e do significado obscuro e fantástico. E é em virtude desta estreita e notável união de qualidades [...] que ela, [a música], se orgulha de sua superioridade" (ibidem).

A suposta "falta de conteúdo" da música instrumental, principal alvo das críticas dos estetas do início do século XVIII (que a consideravam um discurso vazio, mero ruído agradável), é justamente a qualidade mais valorizada por Wackenroder (1945, p.246),para quem a música constitui-se na arte que "sem dúvida age sobre nós com tanto mais força [...] quanto mais obscura e misteriosa é sua linguagem". A essa força misteriosa da música, Wackenroder associa o atributo de "divindade da arte". A associação entre música e religiosidade aparece com bastante evidência no seguinte trecho de seu texto *A estranha vida musical de Joseph Berglinger*: "Quando Joseph assistia a um grande concerto, ele se sentava em um canto [...] e escutava com tanta devoção, *como se estivesse na igreja* [...]. *O mais ínfimo som não lhe escapava*" (ibidem – grifos nossos).

O ROMANTISMO E O BELO MUSICAL **73**

Nesse pequeno excerto estão presentes duas características que influenciariam fortemente o pensamento romântico posterior. A primeira dessas características é a extensão do caráter sacro à música instrumental em geral – embora reconheçamos que a música religiosa possui um papel preponderante em seu pensamento, Wackenroder refere-se, aqui, às sinfonias para grande orquestra, que deviam ser ouvidas com tanta devoção, "como se [se] estivesse na igreja". De acordo com Rita Iriarte (1987, p.11), a grande inovação introduzida por Wackenroder, qual seja, a transposição de características específicas da música sacra para todos ou quase todos os tipos de música, teria como consequência o fato de que, para ele, toda verdadeira música assume caráter religioso. O caráter divino da música, compreendida como "linguagem celeste", é um *topos* encontrado em grande número de autores do romantismo alemão.

A esse caráter de devoção, Wackenroder acrescenta: "o mais ínfimo som não lhe escapava". Numa carta a Tieck, datada de 1792, Wackenroder (apud Dahlhaus, 1997, p.77) escreve: "Quando eu vou ao concerto, parece-me que eu aprecio a música sempre de duas maneiras. Mas somente uma é a verdadeira: ela consiste numa observação muito atenta dos sons e de sua sucessão". Se abstrairmos o apelo religioso que a música exercia sobre Wackenroder, perceberemos que esse tipo de escuta atenta aos mínimos pormenores da obra é que acabaria por conduzir a música à sua autonomização estética, que por sua vez constitui-se num dos pilares do formalismo musical.

Esse espírito religioso, de devoção e recolhimento perante a arte, também aparece na obra de Ludwig Tieck (1773-1853). Para ele, "tal como acontece com a Religião, assim acontece também com todas as coisas elevadas e sobre-humanas; poderia até dizer-se que tudo que é grande e excelso deveria ser Religião" (apud Iriarte, 1987, p.54). Para Tieck, assim como para Wackenroder, a música (sobretudo a música instrumental) conta-se entre o que de mais nobre e elevado há no mundo. Tieck considera a música como "a mais obscura de todas as artes", e é por essa obscuridade que ele a considera como "o mistério último da fé, a mística, a religião totalmente revelada". Com as suas ressonâncias encantatórias, a arte dos sons penetra "diretamente na alma", com sua "presença angélica", ela "exala um hálito celestial". Ao enumerar as maravilhosas qualidades da música, ele pergunta a si mesmo: "O que é que tão poderosamente nos fala ao coração, mais do que as leis, do que a razão e toda a filosofia?" (ibidem, p.50-6).

As considerações feitas por Tieck, com o propósito de descrever a arte dos sons, devem ser compreendidas como uma espécie de "metáfora poética". Diferentemente do papel que um programa desempenharia, as "paráfrases" de Tieck buscam apreender a substância puramente poética de uma obra musical, justamente em razão da clara consciência de que as palavras são um instrumento inadequado para apreender a linguagem do inefável, que se mostra por meio da música. De acordo com Carl Dahlhaus, tais escritos afastam-se também da teoria dos afetos, uma vez que não procuram nomear um *pathos* preciso e bem definido, do qual a música seria a expressão. Essas metáforas poéticas, segundo Dahlhaus (1997, p.77), "são concebidas, antes, como tentativa de falar da essência poética [...] da música [...], para demonstrar que a música é uma língua além da linguagem".

É exatamente por constituir uma linguagem além da linguagem que, para Tieck (apud Iriarte, 1987, p.58),

> [...] essas Sinfonias podem representar um drama tão variegado, tão complexo [...] como o poeta jamais nos pode dar; pois que revelam em linguagem enigmática o que há de mais enigmático, não dependem de quaisquer leis da verossimilhança, não precisam recorrer a quaisquer histórias ou caracteres e permanecem no seu mundo puramente poético. [...] a matéria intrínseca é, desde o princípio até o fim, o seu objeto.

Como vemos, também para Tieck, a verdadeira música é aquela produzida por meio dos sons dos instrumentos construídos pelo homem. Os mais belos sons da natureza, tais como o canto dos pássaros ou o murmúrio das águas, para Tieck (s.d., p.271), não passam de sons incompreensíveis e grosseiros, se comparados aos maravilhosos sons produzidos pela música instrumental: "Esses sons, que a arte descobriu de maneira maravilhosa [...] são de natureza completamente diferente, eles não imitam, eles não embelezam, mas são um mundo isolado em si mesmo".

A primazia concedida à música puramente instrumental revela-se, nos trabalhos de Tieck, de maneira ainda mais incisiva que nos escritos de Wackenroder. Tieck defendia a dissociação entre música vocal e instrumental. Para ele, o fato de a música ser muitas vezes tida como mero complemento da Poesia (como habitualmente sucedia nas produções operísticas e nos tratados de seu tempo), é consequência do pensamento que considera a música como um "ser composto". Daí a necessidade de que cada uma caminhe em seu próprio terreno:

> A pura música vocal deveria, talvez, mover-se na sua própria força, respirar no seu elemento característico, sem qualquer acompanhamento instrumental: tal como a música instrumental segue o seu próprio caminho e não se interessa por nenhum texto, por nenhuma poesia subjacente, poetando para si própria e comentando-se a si mesma poeticamente. Ambas as formas podem existir independentemente, puras e separadas. (Tieck apud Iriarte, 1987, p.56-7)

Diante de tais afirmações, parece-nos bastante sintomático o fato de o escrito mais importante sobre música legado por Tieck denominar-se *Sinfonias*. Como bem notou Rita Iriarte (1987, p.12):

> O que este ensaio tem de notável é a insistência na necessidade de se estabelecer a distinção e até a separação entre a música vocal e a instrumental, e de se valorizar devidamente esta última. A música vocal tem por fim essencialmente a expressão de sentimentos; mas é na mais recente música instrumental que a teoria expressiva é transcendida. [...] [Tieck] deixa em aberto a possibilidade de se conceber a música como arte absoluta, onde o princípio de autonomia atinge o seu auge.

Para Tieck (s.d, p.277), a música vocal constitui-se numa arte ainda limitada e permanece uma declamação, um discurso elevado, enquanto a música instrumental é uma arte independente e livre. Ao seguir seus impulsos obscuros, a música instrumental alcança o objetivo mais elevado e exprime o que há de mais profundo. As sinfonias são, para Tieck, o triunfo supremo dos instrumentos, um gênero capaz de "falar a elevada linguagem poética, que desvenda em nós o que há de mais maravilhoso" (apud Iriarte, 1987, p.58).

A sinfonia constitui-se, pois, para Tieck, no modelo supremo ao qual aspiram todos os outros gêneros de música instrumental. Comparados à sinfonia, "as sonatas, os artísticos trios e quartetos são como que exercícios escolares para esta perfeição da arte" (ibidem).

Não por acaso, costuma-se considerar a recensão feita por Hoffmann, a respeito da *Quinta sinfonia* de Beethoven, como um dos textos fundadores do romantismo em música. Conforme já foi observado por Dahlhaus (1997, p.53), "as ideias e conceitos fundamentais da estética musical de E. T. A. Hoffmann, que formarão o quadro principal para o desenvolvimento e o esplendor posteriores da ideia de uma música absoluta, provêm [...] da metafísica instrumental de Wackenroder e Tieck".

De fato, nos escritos sobre música de E. T. A. Hoffmann, encontramos alguns dos *topoi* presentes nos textos daqueles dois autores, sobretudo no que diz respeito à valorização da música instrumental pelo seu caráter misterioso, obscuro e enigmático. Em total consonância com as características dessa tendência, Hoffmann (apud Iriarte, 1987, p.119) pergunta-se: "Não é a música a linguagem misteriosa de um longínquo reino de espíritos, cujos maravilhosos sons ressoam no nosso íntimo e despertam uma vida superior e mais intensa?". Para Hoffmann (1967, p.37), somente a música instrumental pura, que com sua lira é capaz de desvendar "o maravilhoso reino espiritual do Infinito" [*Unendlichen*] é uma arte verdadeiramente romântica. Esse "verdadeiramente romântico" pode ser compreendido à luz da definição dada por Novalis (1988, p.142): "O mundo precisa ser romantizado. [...] Na medida em que dou ao comum um sentido elevado, ao costumeiro um aspecto misterioso, ao conhecido a dignidade do desconhecido, ao finito um brilho infinito, eu o romantizo". A esse aspecto misterioso, desconhecido, e de brilho infinito que caracterizaria tudo aquilo que é próprio ao romantismo, Hoffmann (apud Iriarte, 1987, p.113) acrescenta uma "nostalgia inefável", que a música instrumental expressa, ao falar em "linguagem

O ROMANTISMO E O BELO MUSICAL **77**

Divina". Para Hoffmann (1985, p.174), "a essência mesma da música faz dela [...] um culto religioso":

> Nenhuma arte origina-se tão puramente da espiritualização interior do homem, nenhuma arte necessita de meios tão puramente espirituais e etéreos como a música. O pressentimento do que há de mais alto e de mais santo [...] manifesta-se de maneira audível no som, e assim a música se torna [...] a expressão da maior plenitude da existência – louvor ao criador. (Hoffmann, 1967, p.212)

Grande parte das ideias contidas nos textos desses três autores exerceu vasta influência sobre muitos dos mais importantes textos escritos sobre a música durante o romantismo, de maneiras diversas e por vezes até contraditórias. A religiosidade exacerbada e a valorização do inefável opõem-se claramente às exigências laicas e racionalistas predominantes durante a maior parte do século XVIII. Se antes a música instrumental era condenada por sua falta de um conteúdo claramente definido, por ser meramente "um luxo inocente", nos textos desses autores encontramos uma total transformação da escala de valores, e a música instrumental, justamente por seu assemantismo, é alçada à condição de uma linguagem capaz de exprimir o que fica além das palavras. Conforme Dahlhaus (1997, p.62), "precisamente enquanto música autônoma, absoluta, separada do 'condicionamento' dos textos, das funções, dos afetos, [é que] a arte recebe uma dignidade metafísica como expressão do infinito". Para Hoffmann (apud Iriarte, 1987, p.93), "quando se fala de música como de uma arte autônoma, deveria ter-se sempre em mente apenas a música instrumental, a qual, desprezando todo o auxílio, toda a mistura de qualquer outra arte, exprime puramente a genuína essência da Arte, que só nela pode ser encontrada".

Até mesmo o ensaio *Do belo musical* (1854), de Eduard Hanslick, não escapou a algumas influências desse ideal. Para Hanslick (1994, p.30),

> Só o que se pode afirmar acerca da música instrumental vale para a arte sonora como tal. Quando se investiga qualquer peculiaridade geral

da música, algo que caracterize a sua essência e a sua natureza, que determine os seus limites e orientação, só pode falar-se da música instrumental. Do que a música instrumental não consegue jamais pode dizer-se que a música o pode; pois só ela é a arte pura, absoluta, dos sons.

As similaridades continuam, pois Hoffmann condena e considera totalmente vãos os esforços dos compositores de música instrumental que tentaram representar "sentimentos definidos" ou acontecimentos em suas obras, "dando, assim, um tratamento plástico à arte que é o extremo oposto das artes plásticas". Assim como Hanslick[6] escreveria posteriormente, Hoffmann (apud Iriarte, 1987, p.93) considerava que no canto é a associação entre Poesia e Música que sugere, "por palavras", determinados afetos. Porém – e aí a diferença entre esses dois autores é flagrante –, enquanto Hanslick propõe uma estética do "especificamente musical", em Hoffmann, tal como em Tieck e Wackenroder, a música instrumental é tratada como "linguagem inefável":

> A Música desvenda ao homem um reino desconhecido; um mundo que nada tem de comum com o mundo exterior sensível que o rodeia, e no qual ele deixa para trás todos os sentimentos definíveis através de conceitos, para se entregar ao inefável. (ibidem)

A ênfase conferida por Wackenroder, Tieck e Hoffmann à música puramente instrumental é expressão significativa de uma tendência que se manifesta ainda em outros autores do pré-romantismo alemão. Novalis (apud Iriarte, 1987, p.70), no fragmento 669 de seus *Fragmentos e estudos* (1799-1800), escreve que a música de dança e as canções não seriam propriamente a verdadeira Música, mas apenas variantes menores. Por sua vez, as sonatas, as sinfonias, as fugas, as variações (em suma: as diversas formas de música puramente

---

6 Para Hanslick, "numa composição vocal, a eficácia dos sons nunca pode separar-se da das palavras, da ação e da decoração com tanta exatidão que seja possível separar estritamente a parte que cabe às distintas artes. [...] A união com a arte poética amplia o poder da música, mas não os seus limites" (ibidem).

O ROMANTISMO E O BELO MUSICAL   **79**

instrumental existentes em seu tempo), essas sim seriam, a seu ver, "a Música autêntica".

Também Friedrich Schlegel (1967, p.254), no fragmento 444 de *Athenäum*, escreve:

> Quem, no entanto, tem sentido para as maravilhosas afinidades de todas as artes e ciências, ao menos não considerará a questão a partir do ponto de vista trivial da chamada naturalidade, segundo a qual a música deve ser apenas a linguagem do sentimento [*Sprache der Empfindung*]; não achará em si impossível uma certa tendência de toda música instrumental pura para a filosofia. A música instrumental pura não tem de produzir por si mesma um texto? E nela não desenvolve, confirma, varia e contrasta o tema, tal como se faz com o objeto de meditação numa série de ideias filosóficas?

A modificação da valoração da música instrumental autônoma, no âmbito de uma hierarquia geral das artes, não se deu de forma súbita, mas antes, paulatinamente, conjugada a uma série de fatores histórico-sociais, tais como o aperfeiçoamento técnico de diversos instrumentos, o aparecimento de concertos públicos etc.

Para que o valor atribuído à música instrumental se invertesse em relação àquele que lhe era atribuído pela estética do século XVIII, a concepção de música como uma "linguagem além da linguagem", capaz de exprimir o inefável, o reino do infinito, foi de crucial importância.

Apesar das evidentes conotações de ordem místico-religiosa, da qual é dependente o conceito de "linguagem além da linguagem", ao defender a dissociação entre música vocal e música instrumental, ao defender a escuta atenta das obras de arte musicais, ele acabou por consolidar o valor da música instrumental, outorgando-lhe a primazia perante as demais artes. A partir da concepção de música como "linguagem além da linguagem" a autonomia poética da música é reconhecida, e quando essa passa a dever ser ouvida por si mesma, sem finalidade externa, estão lançados os fundamentos teóricos que, radicalizados, acabariam por abrir as portas ao formalismo musical, tal como estabelecido por Hanslick, cerca de meio século depois.

5
A MÚSICA EM HEGEL, SCHOPENHAUER E WAGNER

Hegel atribui um alto posto às artes em geral, no âmbito de seu sistema filosófico. Para ele, a Arte é uma figura do Espírito Absoluto, à qual se seguem a Religião e a Filosofia. Assim, Hegel (2001, p.28) considera que o belo artístico está *acima* da natureza, pois "a beleza artística é a beleza *nascida e renascida do espírito*",[1] logo, nele estão presentes a espiritualidade e a liberdade. O belo natural, para Hegel, aparece "somente como um reflexo do belo pertencente ao espírito, como um modo incompleto e imperfeito, um modo que, segundo a sua *substância*, está contido no próprio espírito". Segundo ele, "somente o espírito é o *verdadeiro*, que tudo abrange em si mesmo, de modo que tudo o que é belo só é verdadeiramente belo quando toma parte desta superioridade e é por ela gerada" (ibidem).

A arte, para Hegel, é a exposição sensível da Ideia,[2] capaz de "trazer à consciência e exprimir o *divino,* os interesses mais profundos da

---

1 Em sua *Fenomenologia do Espírito,* Hegel (2001a, p.8) define o *espírito* como "a essência efetiva e viva", "a essência absoluta real que a si mesma se sustém".

2 O termo "Ideia" não deve ser entendido aqui no sentido platônico – ou seja, como "um exemplar ideal que, em contraste com os fenômenos que o 'imitam' ou 'participam nele', tem existência plena, imutável, perfeita e universal" (Inwood, 1997, p.168). No § 213 da sua *Enciclopédia*, Hegel define a Ideia como "o verdadeiro em si e para si, a unidade absoluta do conceito e da objetividade". Convém notar, contudo, que, no primeiro volume da *Estética,* o próprio

82 MÁRIO VIDEIRA

humanidade, as verdades mais abrangentes do espírito" (ibidem, p.32). O espírito "gera a partir de si mesmo as obras da arte bela como o primeiro elo intermediário entre o que é meramente exterior, sensível e passageiro e o puro pensar, entre a natureza e a efetividade finita e a liberdade infinita do pensamento conceitual" (ibidem, p.32-3).

Existem três formas de aparição do Espírito Absoluto, segundo Hegel. A primeira delas é a arte, um saber imediato e sensível, "no qual o absoluto chega à intuição e sensação" (ibidem, p.116); a segunda é a religião, a consciência que representa; a terceira, e mais elevada, é a filosofia, livre pensamento do espírito absoluto:

> A arte, por meio da ocupação com o verdadeiro enquanto objeto absoluto da consciência, também pertence à esfera absoluta do espírito e, por isso, segundo seu conteúdo, encontra-se no mesmo terreno da religião, no sentido mais específico do termo, e da filosofia. Pois também a filosofia não possui outro objeto a não ser Deus, sendo assim essencialmente teologia racional e, por estar a serviço da verdade, é culto divino continuado. (ibidem, p.115)

Uma vez que a arte, tomada como aparência do espírito,[3] encontra-se acima da natureza, Hegel critica as concepções segundo as

---

Hegel (2001b, p.89) nos adverte que "a Ideia, enquanto o belo artístico, não é a Ideia enquanto tal, tal como uma lógica metafísica tem de concebê-la como o absoluto, mas *a Ideia na medida em que se configurou na efetividade e entrou em unidade imediata e correspondente com a mesma* (grifos nossos). Pois, certamente a *Ideia enquanto tal* é o verdadeiro em si e para si mesmo, mas é a verdade segundo sua universalidade que ainda não foi objetivada; em contrapartida, a *Ideia* enquanto o *belo artístico* é a Ideia com a determinação precisa de ser efetividade essencialmente individual, assim como uma configuração individual da efetividade acompanhada da determinação de deixar a Ideia aparecer essencialmente em si mesma. Portanto, assim já está expressa a exigência de que a Ideia e sua configuração enquanto efetividade concreta sejam tornadas completamente adequadas uma à outra. Concebida desse modo, a Ideia é, enquanto efetividade configurada segundo o seu conceito, o *ideal*". Para uma análise mais detalhada, ver Szondi (1992, p.187-93) e Inwood (1997, p.168-71).

3 "Pois o belo artístico não é nem a *Ideia lógica*, o pensamento absoluto tal como se desenvolve no puro elemento do pensamento, nem, ao contrário, a *Ideia natural*, mas pertence ao âmbito *espiritual* sem, porém, permanecer preso a conhecimentos e fatos do espírito *finito*. O reino da bela arte é o reino do *espírito absoluto*" (Hegel, 2001b, p.109).

O ROMANTISMO E O BELO MUSICAL **83**

quais a arte deve ter função moralizante, deve imitar a natureza etc., uma vez que tais concepções pressupõem a arte não como figura do espírito absoluto, mas como algo com um fim.

Um dos traços distintivos da estética hegeliana, em relação a Kant, é o papel preponderante da história da arte e o rompimento com a estética do gênio. Para Hegel, importa compreender a arte como resultado do percurso que o espírito percorre. Por compreender a arte como resultado de um determinado período histórico, Hegel estabelece uma divisão triádica das Formas de Arte. A primeira delas, denominada Forma de Arte Simbólica (que abrange as artes indiana, egípcia, persa e judaica) é aquela que determina o início da arte, caracterizando-se por uma inadequação entre o conteúdo e a forma. A arte característica desse período é a arquitetura, a propósito da qual Hegel (2002, p.26) escreve:

> O material desta primeira arte é o não espiritual em si mesmo [an sich selbst Ungeistige], a matéria pesada e configurável apenas segundo as leis da gravidade; a sua Forma são as imagens da natureza exterior, unidas regular e simetricamente num mero reflexo exterior do espírito e na totalidade de uma obra de arte.

A Forma de Arte Clássica diz respeito sobretudo à arte grega, na qual ocorre o perfeito equilíbrio entre forma e conteúdo. Sua principal expressão encontra-se no equilíbrio e harmonia da estatuária grega. Apesar de seu material, tal como se dava na arquitetura, ser ainda a matéria pesada em sua totalidade espacial, a escultura não mais forma a mesma "meramente com respeito à sua gravidade e às condições naturais dela". Na escultura, "a Forma [Form] determinada por meio do conteúdo mesmo é aqui a vitalidade real do espírito, a forma [Gestalt] humana e o organismo objetivo dela alentado pelo espírito" (ibidem). A Forma de Arte Romântica refere-se à arte do cristianismo, na qual há uma espécie de encaminhamento para a dissolução do próprio conceito de arte. Aqui estão reunidas as artes que configuram a interioridade do subjetivo. A primeira delas é a pintura, que emprega a forma exterior mesma inteiramente para a expressão do interior:

84 MÁRIO VIDEIRA

Como material [...] ela não pode usar a materialidade pesada e sua existência completamente espacial, mas tem de interiorizar em si mesma [*an sich selbst*] este material, tal como faz com as formas. A esse respeito, o primeiro passo pelo qual o sensível se eleva ao espírito consiste, por um lado, na superação [*Aufhebung*] do fenômeno sensível real, cuja visibilidade é transformada em mera aparência da arte; por outro lado, na cor, por meio de cujas diferenças, transições e fusões se realiza esta transformação. (ibidem, p.27)

A segunda dessas artes é a música, que toma como elemento autêntico o interior como tal, "o sentimento destituído por si mesmo de forma, o qual não é capaz de se manifestar no exterior e na realidade dele, mas apenas por meio da exterioridade que rapidamente desaparece em sua exteriorização e que suprime [*aufhebende*] a si mesma" (ibidem, p.28). Temos, pois, na música, a completa supressão da dimensão espacial, lidando somente com a dimensão temporal. Diferentemente do material das artes plásticas, o som constitui-se num material totalmente abstrato, não sendo capaz de expor as múltiplas formas dos objetos do mundo, tal como o fazem a escultura e a pintura. Por meio de sua negação da exterioridade, a música torna-se um modo de exteriorização adequado ao interior:

Essa interioridade destituída de objeto constitui, no que se refere ao conteúdo, bem como ao modo de expressão, o *aspecto formal da música*. Ela certamente também possui um conteúdo [*Inhalt*], mas nem no sentido das artes plásticas nem no da poesia; pois o que lhe falta é justamente o configurar-se a si objetivamente, seja para as Formas [*Formen*] dos fenômenos exteriores efetivos, seja para a objetividade de intuições e representações espirituais. (ibidem, p.280)

A música ocupa, pois, no âmbito do sistema das artes de Hegel, um lugar bastante privilegiado, porém, em posição de inferioridade, se comparada à poesia, à qual Hegel confere o mais alto grau em sua estética. Mas essa primazia da poesia no sistema estético de Hegel possui uma justificativa bastante diversa daquela utilizada por Dubos e Batteux, por exemplo. Para esses, a música dirigia-se à emoção, aos sentimentos, enquanto a poesia deveria voltar-se para a razão:

daí o posto elevado ocupado pela poesia em suas teorias estéticas. Já para Hegel, importa tratar da subjetividade apenas na medida em que essa se realiza objetivamente – é preciso que, no campo das artes, o espírito não seja apenas o *em-si*, ou seja, pura universalidade, que pertence ao âmbito da lógica; tampouco apenas o *para-si*, pura exterioridade, que pertence ao âmbito da filosofia da natureza: é necessário que a arte ocupe seu posto no âmbito do espírito absoluto, o *em-si-e-para-si*. Dessa forma, Hegel não se interessa pela subjetividade nela mesma, que se volta para si mesma, e permanece em si mesma. Hegel afirma que

> [o conteúdo da música] é o subjetivo em si mesmo [*an sich selbst*], e a exteriorização não conduz igualmente a uma objetividade *que permanece* espacial, mas mostra, por meio de sua oscilação livre destituída de sustentação, que ela é uma comunicação, a qual, em vez de possuir por si mesma uma subsistência, deve apenas ser sustentada pelo interior e pelo subjetivo e apenas deve existir para o interior subjetivo. Assim, o som é certamente uma exteriorização e uma exterioridade, mas uma exteriorização que imediatamente se faz novamente desaparecer justamente pelo fato de que é exterioridade. Mal a orelha a apreendeu, ela silencia [...]. (ibidem, p.280)

Daí a superação da música pela poesia no quadro de seu sistema das artes. Hegel considera que a poesia, ao lidar com o mínimo de materialidade possível, é a arte que se encontra no lugar mais elevado do ponto de vista espiritual, já aproximando-se do conceito de religião. À objeção de que ela conserva, no entanto, um forte vínculo com a matéria da linguagem, com as palavras, muito mais do que a música (que por ser uma arte temporal, efêmera por natureza, estaria muito mais próxima do divino), Jimenez (1997, p.193-4) responde que:

> [...] a coerência de um sistema fundado na necessidade da Ideia chegar ao Conceito, ao Universal, obriga a conceder um privilégio à arte que sobrepuja sua subjetividade para exteriorizar-se no mundo: daí a escolha, bastante romântica, da poesia. [...] a poesia é síntese entre as artes plásticas (tese) e a música (antítese) ou, se preferirmos, a síntese entre a objetividade e a subjetividade.

86 MÁRIO VIDEIRA

De acordo com Hegel, a poesia é, segundo o conteúdo, a arte mais rica, a mais ilimitada. O material (som), por meio da qual ela se manifesta, "conserva para ela apenas o valor de um meio". Hegel (2002, p.28) ressalta ainda que, diferentemente da música, o som aqui não conserva uma validade por si mesmo, "mas ele se preenche, inversamente, inteiramente com o mundo espiritual e o conteúdo [*Inhalt*] determinado da representação e intuição e aparece como mera designação deste Conteúdo [*Gehalt*]".

Diferentemente de Hegel, o filósofo Arthur Schopenhauer promove uma completa reviravolta na valoração da música perante as outras artes: essa, que na terceira *Crítica* kantiana era vista como mero jogo de sensações agradáveis, que a muito custo conseguia inserir-se como a última das artes, é conduzida por Schopenhauer à posição mais elevada. Para que possamos examinar o modo pelo qual tal concepção se torna possível, cumpre inseri-la no contexto geral da argumentação desenvolvida em sua obra mais importante, a saber, *O mundo como Vontade e Representação*, publicado pela primeira vez em 1819. A doutrina schopenhaueriana concebe o mundo como Representação e como Vontade. Segundo Cacciola (1981, p.3), "o princípio fundamental da teoria da representação é [...] que não há objeto sem sujeito". De fato, no mundo considerado como Representação, Schopenhauer (§ 1) entende que "tudo o que existe, existe para o pensamento, isto é, o universo inteiro apenas é objeto em relação a um sujeito, percepção apenas, em relação a um espírito que percebe. Em uma palavra, é pura representação" (Schopenhauer, 2001, p.9). Assim, o sujeito que conhece é o substrato do mundo (§ 2), "a condição invariável, sempre subentendida de todo fenômeno, de todo objeto, visto que tudo o que existe, existe apenas para o sujeito" (ibidem, p.11). Não há objeto sem sujeito: o mundo apresenta-se [*vor-stellt*],[4] põe-se diante do sujeito

---

4 Maria Lúcia Cacciola (1981, p.4) nota que o termo alemão *Vorstellung* (Representação) refere-se ao verbo *vorstellen*, "composto da partícula '*vor*', que é desde há muito usada com sentido espacial ou temporal, podendo ser traduzida respectivamente como 'diante de' e 'antes de'; e '*stellen*', significando pôr, colocar [...]. Daí o significado de *vorstellen*: mover para diante de [...], tornar conhecido, pôr intelectualmente diante dos olhos – e *Vorstellung*, Representação diante de, imagem intelectual".

O ROMANTISMO E O BELO MUSICAL   **87**

vivo e pensante: tal é o sentido da frase com a qual Schopenhauer abre seu livro: *"o mundo é a minha representação".*[5] Porém, esse ponto de vista é unilateral e necessita um complemento: o mundo existe também (e principalmente) como Vontade, ou seja, um impulso sem consciência, livre, sem finalidade, pura atividade, "desejo cego, irresistível" (§54). Schopenhauer concebe a Vontade como a própria coisa-em-si, o fundo íntimo, essencial do universo: daí a primazia que esta exerce sobre o intelecto. Nas palavras de Cacciola (1994, p.19):

> A filosofia de Schopenhauer é identificada como uma Metafísica da Vontade. Diante do caráter ilusório de um mundo que é mera representação do sujeito, a Vontade assumiria o papel de um fundamento ontológico, capaz de conferir-lhe a objetividade não atingida pelo conhecimento.

No §18 de *O mundo...*, Schopenhauer (2001, p.109) afirma que o conhecimento do sujeito "tem como condição necessária a existência de um corpo", cujas modificações são "o ponto de partida do entendimento para a intuição desse mundo". A Vontade é uma atividade, e Schopenhauer vê no fenômeno da vontade humana uma manifestação do conceito de Vontade: o corpo manifesta a Vontade como algo atuante. Dessa forma, o sujeito pode conhecer o corpo de duas maneiras completamente distintas: mediatamente, como objeto do mundo da intuição (ou seja, como representação do sujeito que conhece), ou imediatamente, como vontade.[6]

Schopenhauer (2001, §18, p.110) defende a tese de que "a ação do corpo é apenas o ato da vontade objetivado, isto é, visto na representação. [...] Pode-se ainda dizer, num certo sentido: a vontade é o conhecimento *a priori* do corpo; o corpo é o conhecimento *a posteriori*

---

5 "[O homem] sabe que o mundo que o cerca existe apenas como representação, na sua relação com um ser que percebe, que é o próprio homem. Se existe uma verdade que se possa afirmar *a priori* é esta, pois ela exprime o modo de toda experiência possível e imaginável, conceito muito mais geral que os de tempo, espaço e causalidade que o implicam" (Schopenhauer, 2001, §1, p.9).

6 Tal identidade entre corpo e vontade é fruto de uma consciência imediata (conhecimento intuitivo): não é, portanto, passível de demonstração.

88 MÁRIO VIDEIRA

da vontade". Argumentando por analogia (§19), Schopenhauer estende a Vontade a todos os objetos do mundo: se meu corpo possui uma representação e um *querer viver* (vontade), os outros objetos (que também são representações) devem igualmente possuir uma essência, uma Vontade:

> A coisa em si é unicamente a vontade; nesta qualidade, esta não é de maneira nenhuma representação, difere dela *toto genere*; a representação, o objeto, é o fenômeno, a visibilidade, a objetividade da vontade. A vontade é a substância íntima, o núcleo tanto de toda coisa particular, como do conjunto; é ela que se manifesta na força natural cega; ela encontra-se na conduta racional do homem; se as duas diferem tão profundamente, é em grau e não em essência. (ibidem, §21, p.119)

A Vontade não se submete ao princípio de razão;[7] portanto, ela é sem fundamento [*grundlos*]; possui um caráter de incondicionalidade,[8] não se submete a espaço, tempo e causalidade; logo não pode ser múltipla, donde advém seu caráter de unidade e identidade. (ibidem, §23, p.122)

Cacciola (1994, p.24-5) observa, porém, que

> Paralelamente ao mundo como Vontade, o mundo tomado como representação apresenta também dois aspectos: o da representação submetida ao princípio de razão e o da ideia, livre de tal condicionamento. A

---

7 Segundo Barboza (2001, p.18), em sua acepção mais global, o *princípio de razão* afirma que "nada é, sem uma razão pela qual é". Tal princípio "pode explicar tudo no mundo fenomênico, porém não é passível de nenhuma explicação e nem necessita, tal exigência implicando já a pressuposição dele e sua validade. [...] O princípio de razão do devir, especificamente, fornece as razões das representações intuitivas, em constante vir-a-ser. Constituem-no o tempo, o espaço e a causalidade".

8 Isso significa que o fundamento da Vontade não pode ser uma causa (devir, acontecimento), nem uma razão (do ponto de vista lógico). Schopenhauer realiza uma ontologia negativa da Vontade, determinando aquilo que ela *não é*: a Vontade não é fenômeno, não é múltipla, não é representação, não tem razão. Não estando submetida a nenhuma lei do fenômeno, está fora do domínio do intelecto, mas não é transcendente, no sentido de uma causa ordenadora, de uma Vontade Divina.

O ROMANTISMO E O BELO MUSICAL **89**

esses dois tipos de representação correspondem duas formas de conhecimento, a ciência e a arte, com características distintas e complementares: se a primeira, movendo-se no domínio das representações, submetidas ao tempo, espaço e causalidade, apresenta-nos um mundo que, embora ilusório, permite que nos orientemos nele dada sua conexão sistemática; a arte oferece, por meio da Ideia, a visão objetiva do mundo. A Ideia, sendo a primeira objetivação da Vontade, é anterior a qualquer multiplicidade que resulta do *principium individuationis*.[9] Assim, na contemplação estética desfaz-se a dicotomia sujeito e objeto, tornando-se assim possível o acesso à plena objetividade.

Conforme foi observado por Gonçalves (2001, p.I), na filosofia de Schopenhauer não existiria propriamente uma estética, ou uma filosofia da arte, mas sim uma metafísica do belo, "uma vez que a experiência estética é considerada um modo de conhecimento privilegiado e inacessível, tanto para a experiência comum, como para a ciência, governadas pelo princípio de razão". A representação estética não se submete ao princípio de razão suficiente, assim como o fazem a representação científica e do senso comum. No momento da contemplação estética, a Vontade entra em um estado quase de "suspensão": o conhecimento da arte é concebido por Schopenhauer como um conhecimento desinteressado, e, no momento da contemplação, há, segundo ele, uma coincidência do sujeito e do objeto.

Segundo Schopenhauer (2001, §36, p.194),

> A arte reproduz as ideias eternas que concebeu por meio da contemplação pura, isto é, o essencial e o permanente de todos os fenômenos do mundo; aliás, segundo a matéria que emprega para esta reprodução, toma o nome de arte plástica, poesia ou música. A sua origem única é o conhecimento das ideias; o seu fim único, a comunicação desse conhecimento.

Também em Schopenhauer encontramos uma hierarquia das artes; porém, aqui, ela acompanha a hierarquia das formas da natu-

---

9 Schopenhauer nomeia de *principium individuationis* as formas do fenômeno – tempo e espaço – responsáveis pela pluralidade (cf. Cacciola, 1981, p.53).

reza. A arquitetura conta entre os mais baixos graus de objetidade da Vontade, uma vez que lida com as qualidades mais gerais da matéria, tais como a gravidade, a coesão, a resistência, a dureza, às quais Schopenhauer acrescenta ainda a luz. À arquitetura, Schopenhauer atribui a tarefa de fazer sobressair a luta entre a gravidade e a resistência. Diferentemente da pintura ou da poesia, a arquitetura não nos fornece a cópia:[10] "ela não reproduz, como as outras artes, uma ideia, graças à qual a visão do artista passe ao espectador" (ibidem, § 43, p.228). Acima da arquitetura, Schopenhauer coloca a arte dos jardins, pois, ao lidarem com a natureza vegetal, lidam também com um grau superior de objetidade da vontade, em relação à matéria puramente inorgânica da arquitetura. Conforme observa Barboza (2001, p.101), "o que situa uma arte em posição superior à outra é antes a Ideia que expõe, e não o material que emprega".[11]

A poesia possui o lugar mais elevado, sendo superada somente pela música, tal como veremos adiante. A poesia, segundo Schopenhauer (2001, §51, p.256), estende-se por um domínio imenso, graças à universalidade da matéria de que ela dispõe para exprimir as ideias, isto é, "pela universalidade dos conceitos":

> Toda a natureza, as ideias em todos os graus podem ser expressos por ela; e, conforme as ideias que exprime, ela tanto é descritiva como narrativa, como puramente dramática. [...] A expressão da ideia, que é o grau mais alto da objetidade da vontade, isto é, a pintura do homem na série contínua das suas aspirações e das suas ações, tal é portanto a finalidade da poesia. (ibidem, p.256-7)

---

10 Barboza (2001, p.98) nota uma surpreendente proximidade entre arquitetura e música, os dois pontos extremos do universo artístico, "na medida em que tanto a arquitetura quanto a música tornam mais fácil e rápido do que as outras artes o acesso à essência cósmica; a diferença é que, na arquitetura, ainda se vai para a expressão nítida e completa da essência *do objeto*, enquanto na música a Vontade se expressa diretamente, imediatamente".

11 Assim, é possível inclusive a existência de uma hierarquia interna a uma mesma arte. Barboza (2001, p.101) exemplifica: "uma estátua de homem será superior a uma estátua de cachorro, posto que exibe uma superioridade, advinda da própria hierarquia de Ideias".

A música, entretanto, tal como Schopenhauer afirma no § 52, está colocada completamente fora das outras artes, possuindo uma significação mais geral e mais profunda, em relação com a essência do mundo e com a nossa própria essência:

> Já não podemos encontrar nela a cópia, a reprodução da ideia do ser tal como ele se manifesta no mundo; e, por outro lado, é uma arte tão elevada e tão admirável, tão própria para comover os nossos sentimentos mais íntimos, tão profunda e inteiramente compreendida, semelhante a uma língua universal que não é inferior em clareza à própria intuição. (ibidem, § 52, p.269)

Schopenhauer conclui que a música não é, ao contrário das outras artes, uma reprodução das ideias, mas sim "uma reprodução da Vontade, como as próprias ideias". Daí adviria o fato de a influência da música ser mais poderosa e penetrante que a das outras artes: estas exprimiriam apenas a sombra, enquanto a Música fala do Ser. De acordo com Schopenhauer, a música, "que vai para além das ideias, é completamente independente do mundo fenomenal; ignora-o completamente" e, ao contrário das outras artes, poderia continuar a existir, mesmo que o universo não existisse (ibidem, p.271).

Schopenhauer acredita que a música é capaz de exprimir, numa "linguagem universal", de uma maneira única, somente por meio dos sons, "com verdade e precisão", "o ser, a essência do mundo, em uma palavra, o que concebemos pelo conceito de vontade, porque a vontade é a sua mais visível manifestação" (ibidem, p.278):

> [A música] nunca exprime o fenômeno, mas a essência íntima, o interior do fenômeno, a própria vontade. Ela não exprime tal ou tal alegria, tal ou tal aflição, tal ou tal dor, terror, encantamento, vivacidade ou calma de espírito. Ela pinta a própria alegria, a própria aflição, e todos esses outros sentimentos, por assim dizer, abstratamente. Ela nos dá a essência sem nenhum acessório [...] E, contudo, compreendemo-la muito bem, embora ela só seja uma sutil quintessência. (ibidem, p.275)

Se o artista já gozava de alta consideração no sistema schopenhaueriano, o compositor "faz-se o intérprete da sabedoria mais profunda", "revela-nos a essência íntima do mundo [...] e numa linguagem que a sua razão não compreende" (ibidem, p.274).

É praticamente impossível deixar de notar aqui uma profunda ressonância da metafísica da música instrumental, tal como vimos anteriormente nos textos de Wackenroder, Tieck e Hoffmann. Porém, a identificação entre música e filosofia seria radicalizada, conduzida ao seu ponto mais elevado por meio da filosofia de Schopenhauer, tal como nenhum outro filósofo antes ousara: para ele, a música não seria "como as outras artes, uma reprodução das ideias, mas uma reprodução da vontade como as próprias ideias" (ibidem, p.271); em outras palavras, a música seria a própria vontade, "no seu mais alto grau de objetivação" (ibidem, p.273).

A doutrina schopenhaueriana desempenhou um papel de grande importância na obra literária do compositor alemão Richard Wagner, que por sua vez é a principal figura a quem Hanslick se opôs.[12]

Conforme o próprio Wagner (1988, p.158) relata, após ter lido algumas das obras de Schelling, Hegel e Feuerbach, ele teve seu primeiro contato com *O mundo como Vontade e Representação* somente em setembro de 1854, por intermédio de Herwegh, e imediatamente sentiu por esse livro "um interesse sem limites". Entre os pontos que mais chamaram sua atenção, Wagner enumera "a grande clareza e precisão [...] no estudo dos problemas mais árduos da metafísica". Além disso, Wagner escreve que "suas considerações estéticas me satisfaziam plenamente" (ibidem). Sua influência sobre o compositor foi "determinante" e ele afirma: "somente posso comparar os benefícios que essa obra me trouxe com a aprendizagem do contraponto" (ibidem, p.159).

Tal como o próprio compositor afirma, no entanto, as influências schopenhauerianas (que transparecem sobretudo em seu livro *Beethoven*)[13] deram-se num período em que alguns de seus prin-

---

12 De acordo com Enrico Fubini (1971, p.137), Hanslick representa "o anti--Wagner por excelência, a primeira reação violenta e radical contra o romantismo, contra a concepção de música como expressão de sentimentos ou de qualquer outro conteúdo".

13 Nesse texto, Wagner (1987, p.13-4) escreve: "Sabe-se que a linguagem dos sons é comum a toda a humanidade e que a melodia é a língua absoluta em que o músico fala aos corações".

O ROMANTISMO E O BELO MUSICAL **93**

cipais textos estéticos já haviam vindo à luz, como é o caso, por exemplo, de *Arte e revolução, A obra de arte do futuro* e *Ópera e drama*. Seria praticamente impossível abordar esses primeiros textos sobre estética de Richard Wagner sem levar em conta o papel que o drama grego desempenhou em sua concepção da "obra de arte total" [*Gesamtkunstwerk*].

Para Wagner (1990, p.37), a arte de seu tempo seria apenas mais um elo na cadeia do desenvolvimento da arte no conjunto da Europa. Esse desenvolvimento teria começado, segundo ele, com os gregos, e sua expressão maior deu-se na "mais elevada obra de arte que é possível conceber, o *drama*" (ibidem, p.40). Em seu livro *A Arte e a revolução*, publicado em 1849, Wagner defende a tese de que o drama grego seria o último representante de uma arte capaz de reunir em si todas as formas de arte particulares, quais sejam: música, poesia, dança, arquitetura, pintura e escultura.

Para Wagner, o drama grego era "a obra de arte perfeita, a expressão grandiosa e una de uma sociedade livre e bela" (ibidem, p.82), de tal forma que "[...] qualquer desarticulação das forças reunidas num ponto *único*, qualquer separação dos elementos por diferentes direções particulares, só podia prejudicar essa esplêndida *unidade* da obra de arte – tal como a do Estado, constituída à sua imagem" (ibidem, p.79-80).

Assim, para Wagner, o declínio da Tragédia estava intimamente ligado à desagregação do Estado Ateniense: "tal como o espírito coletivo se desintegrou em mil e uma tendências egoístas, também a tragédia, essa grandiosa obra de arte global, se dissolveu nos elementos artísticos nela contidos" (ibidem, p.44). Com a decadência da Tragédia, o drama desmembrou-se, segundo Wagner, nas respectivas partes constitutivas: "a retórica, a escultura, a pintura ou a música abandonaram o bailado unitário em que se moviam até então para seguirem cada uma o seu próprio caminho e se desenvolverem por conta própria, sujeitas a uma solidão necessariamente egoísta" (ibidem, p.80-1).

A partir daí, Wagner desfere suas críticas virulentas contra a ópera de seu tempo, que não passaria de um simulacro frente aos verdadeiros ideais do drama grego:

94 MÁRIO VIDEIRA

Estamos de fato longe de poder reconhecer na arte dos nossos teatros públicos a verdadeira arte dramática, a obra única, indivisível e grandiosa do espírito humano. O nosso teatro limita-se a fornecer um espaço complicado para uma apresentação atraente de fatos cênicos isolados, superficialmente interligados, defeituosamente artísticos ou, para ser mais exato, artificiosos. A própria separação em dois gêneros, o dramático e a ópera, que subtrai ao drama a expressão idealizante da música e retira em absoluto à ópera o núcleo verdadeiramente dramático e intencional, mostra bem a incapacidade em que se encontra a arte cênica dos nossos dias para efetuar a unificação dos diversos ramos estéticos numa expressão mais elevada e mais perfeita, ou seja, na verdadeira arte dramática. (ibidem, p.61)

Wagner não aceita a primazia concedida à música, no âmbito da ópera, em detrimento da história dramática. Esta apenas serve de pretexto para as exibições virtuosísticas nas árias, e tudo o que o poeta tem a fazer é procurar dar forma a suas criações meramente de acordo com as intenções do compositor. Tal estado de coisas constitui-se, para Wagner, numa anomalia: "a música tentou por si mesma realizar as funções do drama, ou seja, ser seu 'conteúdo' em vez de ser sua mera 'expressão'" (apud Newman, 1982, p.217).

Para Wagner, a ária operística é uma degeneração da canção folclórica na qual música e poesia apareciam unidas. Suas críticas às óperas de Rossini e Weber tentam provar sua afirmação de que em vez de adaptar-se o drama à música, essa é que deve adaptar-se ao drama. A música deve restringir-se à sua verdadeira esfera, a da *expressão*. A afirmação de Wagner (2000, p.19) de que "o erro do gênero artístico da ópera consiste no fato de que se converteu um meio de expressão (a música) em finalidade [*Zweck*], enquanto a finalidade de expressão (o drama) converteu-se em um meio" seria, posteriormente, o centro de uma polêmica com Eduard Hanslick, que a criticou duramente, como veremos a seguir.

Parte II

Análise do ensaio *do belo musical*

É com bons sentimentos que se faz má literatura.

André Gide

1
ESBOÇO BIOGRÁFICO E BREVE TRAJETÓRIA INTELECTUAL DE EDUARD HANSLICK

Antes de passarmos à análise propriamente dita do ensaio *Do belo musical*, julgamos conveniente expor, de maneira bastante sucinta, um breve esboço da biografia e da trajetória intelectual do autor.

Eduard Hanslick nasceu em Praga, em 11 de setembro de 1825, descendente de uma família de católicos da Bohemia. Seu pai, após cursar a Universidade em Praga, voltou-se para os estudos de filosofia e música. Sua mãe, filha de um rico comerciante judeu, ensinou-lhe francês e incutiu-lhe o interesse pelo teatro. De seu pai herdou o interesse pela música e pelos livros.

Hanslick fez rápidos progressos em seu aprendizado de piano e composição e, aos 18 anos, iniciou seus estudos com o mais importante professor de Praga daquela época, Wenzel Johann Tomášek (1774-1850), de quem receberia uma sólida base musical. Seus estudos com Tomášek incluíam aulas de piano, teoria, harmonia, contraponto, fuga, instrumentação e composição.[1] No entanto, Hanslick, em detrimento de uma carreira como *virtuose*, acaba optando por

---

1 Em sua autobiografia, Hanslick (1951, p.2) relata que Tomášek pedia que um Prelúdio e Fuga de Bach fosse preparado (de memória) por aula. Hanslick estudou ainda algumas das sonatas de Beethoven, além de obras de Chopin, Thalberg, Henselt e Liszt.

98 MÁRIO VIDEIRA

uma posição mais segura no serviço público do império austríaco. Inicia, então, seus estudos de Direito na Universidade de Praga.[2] Desse período data a sua amizade com o filósofo Robert Zimmermann e com o crítico e historiador de música August Wilhelm Ambros. Ao mesmo tempo que se dedicava aos estudos de direito, Hanslick aprofundava seus estudos no campo da história e da estética musical.[3]

A partir de 1844, Hanslick inicia sua carreira como crítico musical no jornal *Ost und West*. A partir de 1846 passa a escrever para o *Wiener Allgemeine Musik-Zeitung* (no qual publica sua crítica entusiástica ao *Tannhäuser* de Wagner) e, a partir de 1848, para o *Wiener Zeitung* e o *Sonntagsblätter*. Nesse ínterim, transfere-se para Viena, onde termina seus estudos jurídicos, no ano de 1849. Hanslick entra, então, para o serviço público, primeiramente em Klagenfurt (1850-1852) e, depois, novamente em Viena. Em 1854 publica seu mais importante escrito teórico, *Do belo musical*, como uma reação às teorias estéticas em voga durante seu tempo. Hanslick (1951, p.12-3) escreveu em sua autobiografia:

> Ao ler tantos livros sobre estética musical, os quais definiam a natureza da música em termos dos "sentimentos" que ela suscita [...] excitaram em mim tanto uma dúvida quanto uma oposição. A natureza da música é ainda mais difícil de estabelecer dentro de categorias filosóficas do que a pintura, uma vez que, na música, os conceitos de "forma"

---

2 Um dos professores de filosofia de Hanslick em Praga foi Franz Exner (1802-1853), quem, após a Revolução, coordenou as reformas no Ministério da Educação da Áustria. De acordo com Payzant (2001, p.4-5), um de seus mais importantes feitos foi secularizar a filosofia nas Universidades e nos *Gymnasien*, e, para esse fim, estabeleceu a filosofia de Johann Friedrich Herbart (1776-1841) como a filosofia oficial na Áustria. Dessa forma, toda a política administrativa na Áustria, em todos os níveis educacionais, estava baseada nas doutrinas de Herbart, de forma que qualquer pessoa que pleiteasse um posto no sistema de ensino austríaco deveria ser (ou professar ser) um herbartiano.

3 Entre os livros que estudou nesse período estão a *História da Música* de Kiesewetter e a *Estética* de Hand. A respeito dessas obras, Hanslick (1951, p.4) escreveu, mais tarde: "elas forneceram a base inicial sobre a qual subsequentemente eu pude construir sem muita dificuldade e inteiramente por minha conta".

O ROMANTISMO E O BELO MUSICAL **99**

e "conteúdo" são impossíveis de independência e separação. Se desejarmos atribuir um conteúdo definido à música puramente instrumental – na música vocal o conteúdo deriva do poema, e não da música –, então devemos descartar as preciosas pérolas da arte musical, nas quais não se pode demonstrar um "conteúdo" distinto da "forma", nem deduzi-lo. Por outro lado, eu concordo prontamente que é uma discussão ociosa falar da absoluta falta de conteúdo na música instrumental, como meus opositores me acusam de ter feito em meu tratado. Como se pode distinguir cientificamente em música entre uma forma inspirada e uma forma vazia? Eu tinha a primeira em mente; meus opositores acusaram-me da última.

Em 1856, Hanslick solicita ao Ministério da Educação (ainda sob controle dos herbartianos) uma nomeação para a Universidade de Viena. Em sua solicitação, Hanslick (apud Payzant, 2001, p.15) escreve:

> Eu sou totalmente partidário do sistema filosófico de Herbart, com o qual tive oportunidade de familiarizar-me quando fui aluno de Exner. Como evidência de minha orientação filosófica eu cito a crítica [d'O *belo musical*] feita pelo herbartiano Professor Robert Zimmermann, e a observação do esteta Dr. Ambros, quem, no livro *Die Grenzen der Musik und Poesie* [As fronteiras da Música e da Poesia] refere-se à "grande satisfação" que meu livro proporcionou aos filósofos herbartianos.

Conforme lembra Payzant (2001, p.16), a solicitação de Hanslick era um tanto incomum, uma vez que ele estava solicitando não apenas a criação de uma nova cadeira acadêmica (Estética e História da Música), mas também que se considerasse o seu ensaio já publicado como *habilitação* para a docência (normalmente se exigiria que a dissertação de habilitação fosse inédita). Além disso, suas qualificações acadêmicas eram no campo do Direito, e não em Filosofia ou Música. No entanto, sua solicitação foi aceita e nesse mesmo ano de 1856 foi nomeado como conferencista (não remunerado) pela Universidade de Viena, sendo promovido a professor no ano de 1861, podendo então se dedicar inteiramente às suas atividades como docente e crítico. No ano de 1870 foi agraciado com o título de doutor *honoris*

100 MÁRIO VIDEIRA

causa, pela mesma Universidade. Passou a viajar por toda a Europa na qualidade de jurado de concursos e exibições de instrumentos, bem como na qualidade de crítico em eventos musicais de outras capitais europeias. Contraiu núpcias em 1876, com a jovem cantora Sophie Wohlmuth. Continuou com suas atividades de crítico e professor até aposentar-se, com a idade de setenta anos. Faleceu em Baden, próximo a Viena, no dia 6 de agosto de 1904.[4]

---

4 Principais obras: *Vom Musikalisch-Schönen. Ein Beitrag zur Revision der Ästhetik der Tonkunst.* [*Do belo musical*: uma contribuição para a revisão da estética da música]. Leipzig, 1854. – *Geschichte des Concertwesens in Wien.* [História da condição dos concertos em Viena]. Wien, 1869. – *Geschichte des Concertwesens in Wien 2. Aus dem Concertsaal.* [Id. Da sala de concertos]. Wien, 1870. – *Die Moderne Oper. Kritiken und Studien.* [A ópera moderna. Críticas e estudos]. Berlin, 1875. – *Die moderne Oper 2. Musikalische Stationen.* [A ópera moderna 2. Estações Musicais]. Berlin, 1880. – *Die moderne Oper 3. Aus dem Opernleben der Gegenwart.* [A ópera moderna 3. Da vida operística da atualidade]. Berlin, 1884. – *Suite. Aufsätze über Musik und Musiker.* [Suite. Ensaios sobre Música e Músicos]. Wien, 1885. – *Concerte, Componisten und Virtuosen der letzten fünfzehn Jahre.* 1870-1885. [Concertos, compositores e *virtuoses* dos últimos quinze anos. 1870-1885]. Berlin, 1886. – *Die Moderne Oper 4. Musikalisches Skizzenbuch.* [A ópera moderna 4. Livro de esboços musicais]. Berlin, 1888. – *Die moderne Oper 5. Musikalisches und Literarisches.* [A ópera moderna 5. Musicais e literários]. Berlin, 1889. – *Die moderne Oper 6. Aus dem Tagebuch eines Musikers.* [A ópera moderna 6. Do diário de um músico]. Berlin, 1892. – *Aus meinem Leben, 2. Bde.* [Da minha vida, 2 vol.]. Berlin, 1894. – *Die moderne Oper 7. Fünf Jahre Musik, 1891-1895.* [A ópera moderna 7. Cinco anos de música 1891-1895]. Berlin, 1896. – *Die moderne Oper 8. Am Ende des Jahrhunderts 1895-1899.* [A ópera moderna 8. No fim do século 1895-1899]. Berlin, 1899. – *Die moderne Oper 9. Aus neuer und neuester Zeit.* [A ópera moderna 9. Dos tempos novos e novíssimos]. Berlin, 1900.

2
Análise do Capítulo 1 – Os sentimentos não são a finalidade [Zweck] da música

Hanslick afirma, no prefácio a seu ensaio, a necessidade de realizar uma revisão na estética musical de seu tempo. A tarefa de seu ensaio seria, portanto, apresentar os princípios que tal revisão teria que estabelecer na sua atividade crítica e construtiva, e a chamada "estética do sentimento", cuja principal doutrina era que a música devia "representar sentimentos", constituía-se no principal alvo de suas críticas. Porém, o seu intuito não consiste apenas em provar a insuficiência e o caráter diletante de tal concepção, mas também em *fornecer as ferramentas* que possibilitariam a *reconstrução* do conceito de um belo musical esteticamente autônomo.

Conforme vimos anteriormente, a concepção de música como "expressão dos sentimentos" era amplamente divulgada e aceita pelo senso comum como algo evidente e praticamente inquestionável em sua época.

Diversamente de tal gênero de opinião, Hanslick (1973, p.1; 1994, p.13-4) defende que o "impulso para o conhecimento objetivo das coisas" que marca sua época seja igualmente aplicado ao campo das pesquisas do belo, de maneira a aniquilar "o domínio da não científica estética do sentimento[1] [*Empfindungs-Aesthetik*] e explorando o belo nos seus elementos inerentes e puros".

Contra uma concepção estética que privilegiava o "efeito" da obra sobre o ouvinte, Hanslick (1973, p.2; 1994, p.14) opõe um ideal baseado no modelo científico de investigação, e defende que cada arte "deve ser conhecida nas suas determinações técnicas, [...] compreendida e julgada a partir de si própria", e não a partir de uma adaptação de um conceito geral (metafísico) de beleza.[2] Para ele, o princípio estético das diversas artes, tais como pintura, arquitetura ou música, deveria ser desenvolvido em "estéticas especiais". Na nona edição de seu ensaio, Hanslick (1992, p.14-5) chega até mesmo a afirmar que "as leis do belo são inseparáveis das propriedades de seu material, de sua técnica", e critica duramente o aforismo do compositor Robert Schumann, para quem "o princípio estético é o mesmo em todas as artes; somente o material difere".[3] Certamente tal unidade das artes referida por Schumann fundamenta-se na concepção romântica de uma "essência poética" comum a todas as artes (essência essa que estaria contraposta a um elemento "prosaico").[4] Contudo, o que

---

1 Artur Morão traduz a expressão *Empfindungs-Aesthetik* por "estética das sensações". Porém, a nosso ver, Hanslick refere-se aqui sem sombra de dúvida à estética do sentimento. Tal discussão terminológica será abordada mais adiante (cf. p.105-7).

2 Esse ponto de vista, segundo o qual cada arte deve ser conhecida nas suas determinações técnicas, tem suas origens já na obra de Diderot. Cf. Matos (2001, p.193): "Se o pensamento clássico costumava postular dedutivamente o parentesco entre as artes, quer dizer, partindo de uma definição da Beleza ou da Bela Natureza, segundo Diderot o caminho deveria ser inverso. Ou seja: para reduzir as artes a um mesmo princípio, finalidade última da estética como disciplina filosófica, nós devemos partir daquilo que as diferencia, fazendo um inventário da especificidade dos procedimentos técnicos de cada arte em particular. Por isso, a luminosa *Carta sobre os surdos-mudos*, de 1751, já insistia nessas especificidades: o belo momento do poeta nem sempre é o belo momento do pintor".

3 Essa afirmação faz parte de uma série de aforismos escritos por Robert Schumann, anteriormente à fundação da *Neue Zeitschrift für Musik*, no ano de 1834. Cf. Schumann (1983. p.44).

4 Conforme lembra Carl Dahlhaus (1988, p.144), as categorias estéticas de Schumann derivam essencialmente das do poeta Jean Paul.

O ROMANTISMO E O BELO MUSICAL   **103**

importa aqui é, na verdade, ressaltar que tal concepção de uma *essência comum a todas as artes*, que se faria presente no interior de cada arte particular, era muito difundida em seu tempo. Dois anos (1856) após a primeira edição do ensaio de Hanslick, o historiador August Wilhelm Ambros, no livro *Die Grenzen der Musik und Poesie*, ainda defendia com veemência a opinião comum a respeito de tal unidade: "Felizmente, toda a gente aprendeu hoje em dia a ver que as artes particulares são apenas refrações prismáticas de um só e mesmo raio luminoso" (apud Dahlhaus, 1991, p.83-4). E mais adiante:

> Queremos, antes de mais, lembrar-nos de que a poesia constitui o éter vital de todas as artes, justamente o momento ideal transfigurador – e que ela, a poesia, vem, por fim, ao nosso encontro como arte própria, autônoma, da mesma maneira que a filosofia não só é o fundamento de todas as ciências individuais, mas igualmente surge, só de per si, como ciência delimitada. (ibidem, p.84)

Hanslick (1973, p.2; 1994, p.14) condena ainda o antigo modo de contemplação do belo "que empreendia a pesquisa tendo apenas em consideração e atenção os sentimentos [*Gefühle*] por ele suscitados", o que teria originado a filosofia do belo como uma "filha" da *sensação* [*Empfindung*]. As críticas de Hanslick parecem voltar-se aqui contra as chamadas estéticas do efeito. De acordo com Werle (2000, p.21-2):

> Mediante este termo [estéticas do efeito] situam-se aquelas estéticas que buscam afirmar que a obra de arte necessita ser analisada ou compreendida essencialmente em vista de seu efeito. Esse efeito [...] é em geral assinalado de um ponto de vista psicológico. Busca-se mostrar que a obra de arte deve provocar determinada reação no sujeito ou no público ao qual se destina.

Contrariamente a tais estéticas, Hanslick procura estabelecer uma autonomia da obra de arte não em seu *efeito* sobre o sujeito, mas, pelo contrário, uma autonomia baseada no próprio *objeto* de arte. Para Hanslick (1973, p.2; 1994, p.14), tanto na atividade da crítica de arte como nas investigações estéticas deve-se, antes de mais, investigar o *objeto* belo e não o *sujeito* que sente.

104 MÁRIO VIDEIRA

Dessa forma, o simples comprazimento despertado não basta para classificar algo como belo: deve-se, pois, procurar encontrar nas características específicas da própria obra de arte os elementos que a qualificam como algo belo.

Ao contrário das demais artes, no entanto, Hanslick constata que, na literatura referente à arte sonora, o belo musical ainda é, sem exceção, tratado segundo a vertente da sua impressão subjetiva, reconhecendo-se, de modo quase consensual, os sentimentos como a base que sustém o ideal dessa arte, que "concentra os raios de sua ação e os limites do juízo sobre a música":

> A música – assim somos ensinados – não pode entreter o entendimento por meio de conceitos, como a Poesia, tampouco [pode entreter] o olho, por meio de Formas visíveis, como as artes plásticas; portanto, ela deve ter o ofício de atuar sobre os sentimentos dos homens. (Hanslick, 1973, p.3; 1994, p.14)

O autor procura mostrar, em seguida, quão arbitrárias são tais concepções que ligam a música ao sentimento. Se seu propósito inicial é, como vimos, aproximar-se de um conhecimento mais objetivo e científico das questões relacionadas ao belo musical, cabe lembrar que tal conhecimento não pode ser alcançado por meio da concepção usual que simplesmente considera que a música se refere aos sentimentos sem, contudo, esclarecer exatamente *em que* consiste a ligação da música com os sentimentos, ou em que consiste a ligação de determinadas peças musicais com determinados sentimentos, e segundo que *leis* artísticas e naturais essa ligação atua. Hanslick (1973, p.3; 1994, p.15) observa, então, que os sentimentos, na concepção predominante, desempenham um duplo papel como finalidade e conteúdo da música. Mais especificamente propõe-se, em primeiro lugar, como *finalidade* da música suscitar sentimentos, ou ainda, "sentimentos belos". Em segundo lugar, designam-se os sentimentos como o *conteúdo* que a música representa em suas obras. Ambas afirmações são, no entender de Hanslick, *falsas*, uma vez que, para ele, o belo deve possuir *em si mesmo* o seu significado. Segundo

O ROMANTISMO E O BELO MUSICAL **105**

ele, "o belo nada mais tem a fazer do que ser belo, embora admita igualmente que nós, além do contemplar – a atividade propriamente estética – também façamos algo de supérfluo no sentir e no perceber" (ibidem).

A fim de obter maior rigor conceitual e para melhor fundamentar seus argumentos contra tais teses, Hanslick retoma uma discussão terminológica acerca da distinção entre os conceitos de *sensação* [*Empfindung*] e *sentimento* [*Gefühl*]. Convém lembrar que, na língua alemã, o termo *Empfindung* (que Hanslick considera apenas e tão somente no sentido de "sensação") pode ser compreendido em ambas acepções.

A discussão levada a cabo por Hanslick a respeito da distinção entre os termos *sensação* [*Empfindung*] e *sentimento* [*Gefühl*] pode ser vista como uma retomada do exame que Kant realiza no § 3 de sua Terceira Crítica.[5] Nesse parágrafo, Kant (1998a, p.93-4) já chamava a atenção para a confusão relativa ao duplo significado que a palavra sensação [*Empfindung*] pode ter:

> [...] entendemos, contudo, pela palavra sensação [*Empfindung*] uma representação objetiva dos sentidos; e, para não corrermos sempre perigo de ser falsamente interpretados, queremos chamar aquilo que sempre tem que permanecer simplesmente subjetivo, e que absolutamente não pode constituir nenhuma representação de um objeto, pelo nome aliás usual de sentimento [*Gefühl*]. A cor verde dos prados pertence à *sensação objetiva* [*objektiven Empfindung*], como percepção de um objeto dos sentidos; o seu agrado, porém, pertence à *sensação subjetiva* [*subjektiven Empfindung*], pela qual nenhum objeto é representado: isto é, ao sentimento pelo qual o objeto [*Gegenstand*] é considerado como objeto [*Objekt*] do comprazimento (o qual não é nenhum conhecimento do mesmo).

---

5 Também Schopenhauer (2001, p.61) retoma a discussão a respeito da distinção entre os dois conceitos. No § 11 de sua principal obra, *O mundo como Vontade e Representação*, ele escreve: "Como nós alemães temos um sinônimo exato da palavra *Gefühl* (sentimento), na palavra *Empfindung* (sensação), seria útil reservar esta última para as sensações corporais, consideradas como uma forma inferior do sentimento".

106 MÁRIO VIDEIRA

Hanslick (1973, p.4; 1994, p.15), por sua vez, adota uma distinção conceitual semelhante àquela empregada por Kant, definindo o conceito de *sensação* [*Empfindung*] como a *percepção* de uma qualidade sensível determinada: de um som, de uma cor. Por sua vez, a noção de *sentimento* [*Gefühl*] é definida como "o tornar-se consciente de uma incitação ou inibição de nosso estado anímico, portanto, de um bem-estar ou mal-estar".

Hanslick (1973, p.4; 1994, p.16) prossegue com uma crítica à doutrina de Hegel, afirmando que se deveria preferir incondicionalmente as especificações conceituais acima expostas em vez das "denominações da escola hegeliana que, como se sabe, faz uma distinção entre sensações internas e externas [*innere und äußere Empfindungen*]". Essa distinção hegeliana, que é alvo das críticas de Hanslick, é desenvolvida especialmente nos §401-402 da sua *Enciclopédia das ciências filosóficas*.[6]

No *Adendo* ao § 401 da *Enciclopédia*, Hegel (1995, p.96) escreve:

> O conteúdo da sensação [*Empfindung*] ou é proveniente do mundo externo, ou é pertencente ao interior da alma: assim a sensação ou é *exterior* ou é *interior*. Temos aqui a considerar as sensações da última espécie, somente quando se *corporificam*; segundo o lado de sua interioridade, incidem no âmbito da Psicologia. Ao contrário, as sensações exteriores são exclusivamente objeto da Antropologia.

Para Hegel, as *sensações externas* são aquelas que recebemos por intermédio dos diferentes *sentidos* (visão, audição, olfato, paladar e tato). Por sua vez, as *sensações internas* podem ser de dois tipos: "aquelas que se referem à individualidade do sujeito, relacionadas com algum estado *particular* deste (alegria, inveja, entusiasmo etc), e aquelas que se referem a algo *geral*, como a moralidade, o belo, o verdadeiro" (Espiña, 1996, p.227).

---

6 Para uma análise mais aprofundada destes conceitos, ver Espiña (1996, p.225-30).

O ROMANTISMO E O BELO MUSICAL   **107**

Como nota Yolanda Espiña (1996, p.222), "a noção de sensação desenvolve-se, em Hegel, num âmbito que vai desde a pura afecção do imediato exterior, percebido pelos sentidos, até uma concepção próxima ao sentimento".

A discussão terminológica empreendida por Hanslick mostra-se necessária na medida em que ele detecta um emprego arbitrário dos termos *sensação* [*Empfindung*] e *sentimento* [*Gefühl*] em muitas obras que tratam do problema musical e, nas mais antigas, chama-se "sensação" ao que ele prefere denominar "sentimento".[7] Um exemplo claro pode ser encontrado na citação que o próprio Hanslick (1973, p.10; 1994, p.21) faz, mais adiante, da obra *Über den Geist der Tonkunst*, de Michaelis: "A música é a arte da expressão dos sentimentos [*Empfindungen*] através da modulação dos sons. Ela é a linguagem dos Afetos".

Hanslick afirma que o belo afeta primeiramente os sentidos, o que nos permite deduzir que, da mesma forma, também o belo musical dirige-se, em primeira instância, às sensações (mas não aos sentimentos) do ouvinte: daí a necessidade de estabelecer de maneira clara a distinção entre os dois termos.

Se, por um lado, Hanslick (1973, p.4; 1994, p.16) reconhece a sensação [*Empfindung*] como "o começo e condição do deleite estético", por outro, ele não pode aceitar a exigência de que a música – ou qualquer outra arte – *deva* "provocar sentimentos", ou a opinião de que "suscitar sentimentos" seja uma propriedade estética característica da música com relação às demais artes. Para Hanslick (1973, p.4; 1994, p.16), o órgão pelo qual o belo é acolhido não é o sentimento, mas sim a *Fantasia*. E ele se apoia na *Aesthetica* (§384) de Fr. Th. Vischer[8] para

---

7 Hanslick (1973, p.6; 1994, p.17) escreve: "Onde nem sequer se separou 'sentimento' [*Gefühl*] de 'sensação' [*Empfindung*], menos ainda se pode falar de uma compreensão mais profunda do primeiro [...]. Simplesmente se declarou a propósito da música que ela seria em especial a arte de suscitar sentimentos".

8 É interessante notar que, apesar das inúmeras críticas feitas à doutrina hegeliana, Hanslick apoia-se, em muitos pontos, nos conceitos da *Aesthetica* de Fr. Th. Vischer (1807-1887), "o estetólogo mais importante entre os hegelianos", na opinião de Carl Dahlhaus (1991, p.45).

108　MÁRIO VIDEIRA

definir a noção de *Fantasia* [*Phantasie*][9] como a "atividade do puro contemplar". Segundo Hanslick (1973, p.5; 1994, p.16):

> A peça sonora provém da fantasia do artista para a fantasia do ouvinte. Evidentemente a fantasia, diante do belo, não é apenas um *contemplar*, mas um contemplar com *entendimento*, isto é, um representar e um julgar. [...] Além disso, a palavra "contemplação", transferida há muito das representações visuais para todos os fenômenos sensíveis, corresponde de modo excelente ao ato do ouvir atento, que consiste numa consideração sucessiva das formas sonoras.

Cabe aqui notar a distinção que se fazia entre a faculdade de imaginação [*Einbildungskraft*] e a fantasia [*Phantasie*]. No primeiro volume dos *Cursos de Estética*, Hegel (2001b, p.282) escreve:

> No que se refere [...] à faculdade *geral* da produção artística, caso se deva falar de faculdade, a *fantasia* deve ser designada como esta capacidade artística que se destaca. Mas então devemos imediatamente nos proteger para não confundir a fantasia [*Phantasie*] com a *imaginação* [*Einbildungskraft*] meramente passiva. A fantasia é criadora.

Além disso, Hegel (2001b, p.61) considera ainda que

> Este produzir autêntico [...] constitui a atividade da *fantasia* artística [*künstlerischen Phantasie*]. Ela é a racionalidade que, como espírito, somente é na medida em que impele ativamente para a consciência,

---

9　Em algumas traduções, como a francesa e a inglesa, por exemplo, encontramos o termo *Phantasie* traduzido por "imagination", o que em nosso entender não leva em consideração a distinção que se fazia entre a imaginação reprodutiva (*Einbildungskraft*) e a imaginação produtiva, ou *fantasia* (*Phantasie*). Cf., por exemplo., Hanslick (1877, p.15): *"La faculté pour laquelle nous recevons l'impression du beau n'est point le sentiment, mais l'imagination, c'est-à-dire, l'état actif de la contemplation pure* [...]. *L'oeuvre musicale émane de l'imagination de l'artiste pour s'adresser à l'imagination de l'auditeur".* Também na tradução inglesa de G. Cohen (1974, p.20-1), lemos: *"An art aims, above all, at producing something beautiful which affects not our feelings, but the organ of pure contemplation, our imagination* [...]. *A musical composition originates in the composer's imagination, and is intended for the imagination of the listener".*

mesmo que primeiramente exponha o que traz em si mesma na Forma sensível. Esta atividade tem assim Conteúdo espiritual [*geistigen Gehalt*], mas que é figurado sensivelmente, porque somente neste modo sensível pode torná-lo consciente.

Kant, numa passagem (§ 2) da sua *Crítica da faculdade do juízo*, afirma que "o comprazimento que determina o juízo de gosto é independente de todo o interesse", e que o juízo sobre a beleza ao qual se mistura o mínimo interesse não é nenhum juízo de gosto puro.[10]

Ao distinguir o comprazimento no agradável, no bom e no belo, Kant afirma que nos dois primeiros, tal comprazimento está ligado a interesse. Após considerar que o *agradável* é o que apraz aos sentidos na sensação, e o *bom* é aquilo que apraz por intermédio da razão, pelo mero conceito, Kant (1974, p.308, § 5) conclui que somente o comprazimento do gosto em relação ao belo é "única e exclusivamente, uma satisfação desinteressada e livre; pois nenhum interesse, nem o dos sentidos, nem o da razão, obriga à aprovação". Assim, Kant (§ 5) considera que o agradável, na medida em que tem uma referência à faculdade-de-desejar, traz consigo "uma satisfação patologicamente condicionada (por estímulos, *stimulus*)", enquanto o juízo de gosto é "meramente *contemplativo*".[11]

Hanslick aplica essa noção do belo desvinculado de qualquer interesse ao seu objeto de estudo, ou seja, ao belo musical, e afirma que o ouvinte, ao fazer a fruição da peça sonora "na contemplação pura", deve manter afastado de si "todo o interesse material". Diferentemente de Kant, no entanto, tal interesse é compreendido por Hanslick como "a tendência para em si permitir a excitação dos afetos". Hanslick (1973, p.5; 1994, p.17) afirma que "uma atuação exclusiva do *entendimento* por meio do belo procede de maneira lógica

---

10 Para Kant, "chama-se interesse ao comprazimento que ligamos à representação da existência de um objeto" (§ 2).

11 Kant (1974, p.308, § 5) afirma, porém, que "essa contemplação não é orientada para conceitos; pois o juízo de gosto não é um juízo de conhecimento (nem teórico nem prático) e, por isso, tampouco é *fundado* em conceitos, ou mesmo *destinado* a eles".

em vez de estética", e que "um efeito predominante sobre o *sentimento* é ainda duvidoso, e até *patológico*".[12]

Assim, pode-se dizer que a ideia de uma fruição musical que se pudesse denominar "puramente estética", no entender de Hanslick, não se traduziria por uma atuação predominante dos sentimentos sobre o ouvinte, tampouco por uma consideração lógica do objeto, mas sim ao que ele denomina "contemplação pura" que, como vimos anteriormente, corresponderia ao ato do ouvir atento, na consideração sucessiva das formas sonoras. Em outras palavras, para Hanslick, na consideração da música como objeto de *arte* é necessário reconhecer como "instância estética" a *fantasia*, e não o sentimento:

> Do mesmo modo que não reconhecemos este efeito[13] como a tarefa das artes em geral, assim também não podemos ver nele uma determinação específica da música. Uma vez estabelecido que a *fantasia* é o órgão genuíno do belo, terá lugar em *todas* as artes um efeito secundário destas sobre o sentimento. (Hanslick, 1973, p.6; 1994, p.17)

Mais uma vez, a crítica dirige-se contra a estética do efeito: se todas as artes estabelecem algum tipo de relação com o nosso sentir, mas nenhuma delas uma relação exclusiva, tampouco a respeito da música se poderia afirmar que esta atua de modo "imediato" sobre o sentimento. Tal como ocorre em qualquer outra arte, também a música tem um efeito apenas secundário sobre o sentimento. Tal como ocorre em qualquer outra arte, a música somente atua de modo imediato sobre a *fantasia* do ouvinte. Na opinião de Hanslick (1973, p.7; 1994, p.18), "o comportamento dos nossos estados emotivos perante um belo qualquer é mais objeto da psicologia do que da estética" e, independentemente do efeito que a música possa provocar, não é permitido partir dele quando se pretende indagar a essência desta arte, uma vez que "o conhecimento de um objeto e a sua ação imediata sobre a nossa subjetividade são coisas diametralmente

---

12 A noção de um efeito "patológico" será abordada com mais detalhes na análise do quinto capítulo do ensaio de Hanslick.

13 A saber, de suscitar sentimentos.

O ROMANTISMO E O BELO MUSICAL **111**

opostas". Nesse ponto, Hanslick apresenta uma concepção similar à de Hegel, quando esse demonstra que o estudo dos "sentimentos" [*Empfindungen*] que uma arte desperta permanece numa total indeterminação, abstendo-se do conteúdo genuíno e concreto. Hegel trata desse assunto no primeiro volume dos seus *Cursos de Estética*, mais precisamente no item dedicado à *Obra de arte como produção sensível dirigida para o sentido humano*:

> Esta reflexão [a saber, da arte ser produzida para o sentido do homem, e em certa medida, também extraída do sensível] deu ocasião para a consideração segundo a qual a bela arte está destinada a suscitar o sentimento [*Empfindung*], mais precisamente [...] o sentimento do agrado [*angenehme*]. Neste sentido, a investigação das belas artes transformou-se numa investigação a respeito de seus sentimentos e perguntou-se quais sentimentos devem, afinal, ser suscitados pela arte [...]. Tal investigação, porém, não vai muito longe, pois o sentimento é a região nebulosa e indeterminada do espírito. O que é sentido permanece oculto na Forma da subjetividade particular mais abstrata e, por isso, as diferenças no sentimento são totalmente abstratas, não são diferenças da coisa mesma. [...] a investigação sobre os sentimentos que a arte suscita ou deve suscitar permanece totalmente numa indeterminação e é uma consideração que abstrai justamente do autêntico conteúdo, de sua essência e conceito concretos. A reflexão sobre o sentimento se ocupa com a observação da afecção subjetiva e da sua particularidade, em vez de se aprofundar e mergulhar na coisa, na obra de arte, e assim abandonar a subjetividade e seus estados. [...] tal estudo torna-se cansativo, devido à sua indeterminação e vazio, como desagradável, devido à atenção que dedica a pequenas particularidades subjetivas. (Hegel, 2001b, v.I p.53-5)

Mais do que meras "particularidades subjetivas", a Hanslick interessa investigar o princípio estético da música. Entretanto, nada se pode afirmar acerca de tal princípio quando se caracteriza a música mediante seu efeito sobre o sentimento. Assim, ao contrário daqueles que se atêm ao efeito incerto dos fenômenos musicais, a pretensão de Hanslick é "penetrar no íntimo das obras" e "a partir das leis do seu próprio organismo, explicar *que* conteúdo é o seu, *em que* consiste a sua beleza (Hanslick 1973, p.7; 1994, p.19)". O autor afirma

112 MÁRIO VIDEIRA

a impossibilidade de partir do "efeito" na investigação científica da arte, e portanto, também da música. Sua argumentação baseia-se em dois pontos principais: em primeiro lugar, na ausência de *causalidade*, ou seja, a suposta ligação entre uma peça musical e o sentimento por ela suscitado *não é forçosamente causal*, o que seria passível de constatação por meio do fenômeno da diversidade do gosto. Em segundo lugar, na ausência de *necessidade* na correlação das obras musicais com certas disposições anímicas. Hanslick mostra que aquilo que muitas vezes possui a aparência de *necessário*, na realidade não passa de algo meramente *convencionado*, consensual, tal como ocorrera com a teoria dos afetos, e tal como ocorre com determinados gêneros musicais voltados para alguma finalidade exterior, tais como composições sacras, guerreiras ou teatrais. Hanslick (1973, p.9; 1994, p.20) conclui sua argumentação afirmando que "o efeito da música sobre o sentimento não tem, portanto, nem a *necessidade*, nem a *constância* nem, por fim, a *exclusividade* que um fenômeno deveria apresentar para conseguir fundamentar um princípio estético".

Para finalizar, é necessário fazer uma observação. Ao contrário do que algumas vezes foi afirmado, Hanslick não nega que a música *possa* suscitar sentimentos. Tal interpretação é, sem dúvida, fruto de uma leitura equivocada. Na realidade, uma leitura mais atenta revela a oposição de Hanslick ao emprego "anticientífico" dos sentimentos como princípio estético da música.

E é justamente a exposição de tal princípio que veremos, após a exposição de sua tese negativa, no capítulo seguinte.

3
ANÁLISE DO CAPÍTULO 2 – OS SENTIMENTOS NÃO SÃO O CONTEÚDO DA MÚSICA

O objetivo do Capítulo 2 do ensaio *Do belo musical* é provar que os sentimentos não são o conteúdo [*Inhalt*] da música. Para tanto, inicialmente, Hanslick procura mostrar como a asserção segundo a qual os sentimentos seriam o conteúdo que a música deveria *representar* seria consequência da teoria criticada no Capítulo 1 do ensaio, teoria essa que considerava os sentimentos como fim último do efeito musical.

Hanslick afirma que a obra de arte particular corporifica uma ideia determinada como o belo em aparição sensível e que a toda arte é *peculiar* um âmbito de Ideias que ela representa com seus *meios de expressão*, como, o som, a palavra, a cor, a pedra. Cabe notar a importância que o autor concede à unidade entre Forma e ideia: segundo ele, essa *ideia* determinada, a forma que a corporifica e a unidade de ambas são a condição do conceito de beleza das quais nenhuma investigação científica em qualquer arte poderá separar-se.

Isso posto, passa-se a examinar a questão do conteúdo de outras formas de arte, tais como a poesia ou as artes plásticas. A característica principal do *conteúdo* dessas artes seria a possibilidade de expressá-lo com palavras e explicá-lo por conceitos. Os exemplos fornecidos são bastante comuns na arte de seu tempo: um quadro representando uma florista, um poema representando uma façanha heroica. Tendo em vista a característica antes mencionada, Hanslick afirma que o juízo acerca da beleza dessas obras de arte fundamentar-se-ia na adaptação mais ou menos perfeita do conteúdo assim determinado à manifestação artística.

Em seguida, ao tratar do problema acerca do *conteúdo* da música, constata-se a razoável concordância de opiniões que mencionam toda a gama de sentimentos humanos como o *conteúdo* da música. A razão para tal seria, segundo o autor, porque neles se acreditou ter encontrado o contraste à determinação conceitual e, por conseguinte, a distinção exata do ideal das artes plásticas e poética. Assim, de acordo com esse ponto de vista, os sentimentos seriam as ideias a serem representadas, enquanto os sons e sua relação artística seriam meramente um material ou meio de expressão por meio do qual o compositor representaria o amor, a coragem, a devoção etc. O problema dessa concepção, no entender de Hanslick, é que aquilo que nos deleita e eleva numa melodia encantadora, numa harmonia engenhosa, não seriam elas próprias, mas o que significam.

Contra essas opiniões, bastante aceitas em seu tempo, Hanslick (1973, p.13; 1994, p.24) afirma que "a representação de um sentimento ou afeto absolutamente não está na faculdade peculiar à arte dos sons". Hanslick considera que os sentimentos dependem de pressupostos fisiológicos e patológicos. Além disso, são condicionados por representações e juízos, ou seja, dependem do campo do pensar intelectual e racional.

A argumentação é construída da seguinte forma: o que faz que um sentimento seja um *sentimento determinado* – ou seja, aquilo que *determina* um sentimento – não é simplesmente a agitação do movimento interior, mas o embasamento em representações e juízos – talvez inconscientes num momento de forte sentir. Assim, a determinação do sentimento dependeria de representações, conceitos e juízos também inteiramente determinados: o que determina um sentimento como o "amor" não é o movimento anímico, mas seu cerne conceitual. Ora, uma vez que a música não pode reproduzir conceitos e que a determinação dos sentimentos assenta-se precisamente no seu cerne conceitual, segue daí que a música não é capaz de expressar sentimentos determinados.

O ROMANTISMO E O BELO MUSICAL **115**

Até o presente momento, a investigação levada a cabo pelo autor buscou verificar teoricamente se a música seria ou não capaz de *representar* um sentimento determinado. A resposta a essa questão foi negativa, uma vez que, como se viu, não se pode separar a determinação dos sentimentos de representações e conceitos concretos. Tendo estabelecido isso, ele passa à investigação da questão a propósito do *que* a música poderia *representar*. No âmbito de ideias que é possível representar por meio da música, estão

> [...] todas aquelas que se referem a modificações audíveis do tempo, da força das proporções, por conseguinte, as ideias do crescimento, do esmorecimento, da pressa, da agitação [...]. Além disso, da expressão estética de uma música pode dizer-se que ela é graciosa, suave, violenta, enérgica etc. (Hanslick, 1973, p.14; 1994, p.25)

Hanslick (1973, p.15; 1994, p.25-6) afirma, entretanto, que "as ideias que um compositor representa são sobretudo e em primeiro lugar puramente musicais. À sua fantasia manifesta-se uma bela melodia determinada" que "nada mais deve ser do que ela própria".

Voltando a examinar a questão do conteúdo da poesia e das artes plásticas, ele constata que mesmo essas representam algo de concreto e somente de modo *indireto* podem sugerir ideias mais gerais, ou, em outras palavras, ideias abstratas. Tomando novamente como exemplo o quadro da florista, percebemos que esse só pode sugerir *indiretamente* a ideia mais geral de contentamento e modéstia de uma donzela. No caso de uma peça musical, uma leitura semelhante só seria possível a partir de uma interpretação ainda mais incerta e arbitrária. Porém, assim como ideias abstratas não constituem o conteúdo do quadro mencionado, tampouco poderiam ser o conteúdo de uma obra musical. Menos ainda se pode falar de uma representação de um sentimento determinado.

Dessa forma, coloca-se a questão acerca do que a música pode representar dos sentimentos, se não o seu conteúdo. Hanslick responde: somente o que há de *dinâmico* neles, ou seja, ela pode imitar o *movimento* de um processo psíquico: depressa, devagar, forte, fraco, crescendo...

116 MÁRIO VIDEIRA

À opinião comum[1] segundo a qual a música não poderia designar o objeto de um sentimento, mas sim o próprio sentimento, Hanslick (1973, p.16; 1994, p.26) objeta que a música não pode fazê-lo: "Ela não pode descrever o amor, mas somente um movimento que pode ocorrer no amor ou também em um outro afeto; no entanto, é sempre o inessencial de seu caráter".

Como vimos anteriormente, Hanslick (1973, p.16; 1994, p.27) considera que nenhuma arte pode representar *conceitos* abstratos, como: "amor", "virtude" etc. Logo, também a música é incapaz de representar tais conceitos, de modo que fica "evidente que somente as *ideias*,[2] isto é, conceitos vivificados, são o conteúdo da corporificação artística".

Contrariamente às opiniões dos teóricos defensores de uma doutrina dos afetos, as obras instrumentais não podem trazer à manifestação as ideias de amor, de ira, de temor, porque não existe uma relação *necessária* entre aquelas ideias e as combinações sonoras. O único elemento dessas ideias (de amor, de ira etc.) de que a música pode apoderar-se é, como vimos, o *movimento*. E esse deve ser entendido como o elemento que a música tem em comum com os estados emocionais e que ela consegue configurar criativamente.

Fora do âmbito da analogia com o movimento, Hanslick (1973, p.16; 1994, p.27) afirma que "na música, o que nos parece pintar estados anímicos determinados é inteiramente *simbólico*". O exemplo dado pelo autor é o seguinte: se na cor amarelo vemos o ciúme; na tonalidade de sol maior, a alegria; no cipreste, a tristeza, é a nossa *interpretação* e não "a cor, a planta, o tom em si e por si" que têm uma relação fisiológico-psicológica com determinações desses sentimentos:

---

1 Schopenhauer (2001, p.275), no §52 de sua obra *O mundo como Vontade e Representação*, escreve: "Ela [a música] não exprime tal ou tal alegria, tal ou tal objeto, tal ou tal dor, terror, encantamento, vivacidade ou calma de espírito. Ela pinta a própria alegria, a própria aflição e todos esses outros sentimentos, por assim dizer, abstratamente".

2 Hanslick apoia-se em Vischer (*Aesthetik*, §11, nota), que afirma que "a ideia designa sempre o conceito presente [de modo] puro e sem defeitos na sua realidade".

Não se pode, pois, nem dizer de um acorde em si, que ele representa um sentimento determinado, nem menos ainda que ele o faz no contexto da obra de arte [...]. Assim como num grande quadro histórico nem todo o vermelho nos sugere alegria, nem todo o branco, inocência, tampouco numa sinfonia todo lá bemol maior nos desperta um estado de ânimo exaltado [...] nem cada acorde perfeito, satisfação, nem todo acorde de sétima diminuta, desespero. (Hanslick, 1973, p.17; 1994, p.28)

Para o suposto fim de representar ou "pintar" estados anímicos determinados, a música pura (ou seja, a música instrumental) não possui nenhum outro meio "exceto a analogia do movimento e o simbolismo dos sons" (ibidem).

Tendo em vista o que expôs anteriormente, o autor conclui que é fácil deduzir da natureza dos sons a sua incapacidade de representar sentimentos determinados. Além disso, não se pode provar com razões claras que afeto constitui o conteúdo de uma peça instrumental.

Hanslick afirma a impossibilidade de reconhecer no tema outro conteúdo além daquele expresso pelas determinações técnicas de ritmo, melodia e harmonia. Impossibilidade ainda maior seria mencionar um *sentimento* que esse tema deveria *representar*[3] ou *suscitar* no ouvinte.[4]

O autor argumenta da seguinte forma: se tomarmos um tema de uma obra instrumental, não conseguiremos assinalar um sentimento determinado como seu conteúdo: uns dirão "amor", outros dirão "nostalgia" etc. Ora, se, a rigor, ninguém sabe o que é representado, se cada qual tem uma opinião distinta quanto ao conteúdo, tal diversidade de opiniões pode ser tomada como prova de que não se pode

---

3 Tal noção deve ser compreendida no seguinte sentido: "Representar [*darstellen*] significa produzir clara e intuitivamente [*anschaulich*] um conteúdo, pô-lo [*"daher stellen"*] diante de nossos olhos" (Hanslick, 1973, p.20; 1994, p.30).

4 Para Hanslick (1973, p.19; 1994, p.29), "[...] a música não precisa suscitar sentimentos ou tê-los por objeto". Ele toma como exemplo a impossibilidade de demonstrar-se um sentimento que seria o conteúdo de qualquer um dos 48 prelúdios e fugas do *Cravo bem temperado* de J. S. Bach (uma das principais obras instrumentais do cânone musical ocidental).

118 MÁRIO VIDEIRA

dizer que a música *representa* um sentimento determinado, pois, se assim o fizesse, todos deveriam reconhecer nela um único e mesmo conteúdo, o que, evidentemente, não ocorre.

Nas suas investigações acerca do conteúdo da música, Hanslick toma como exemplo somente movimentos instrumentais. Tal escolha tem sua justificativa no fato de que, segundo ele,

> [...] somente o que se pode afirmar acerca da música instrumental vale para a arte dos sons como tal. Quando se investiga qualquer determinação geral da música, algo que deva caracterizar sua essência e sua natureza, que deva verificar seus limites [...] só se pode falar da música instrumental. Do que a *música instrumental* não consegue, jamais pode dizer-se que a *música* o pode; pois só ela é a música pura, absoluta arte dos sons. (Hanslick, 1973, p.20; 1994, p.30)

A seu ver, numa composição vocal, a eficácia dos sons está demasiadamente ligada às palavras, à ação e à decoração, sendo, portanto, bastante difícil separar a parte que cabe a cada uma das artes. Assim, ao se tratar da questão do conteúdo, devem-se rejeitar até mesmo peças musicais com títulos ou programas determinados.

Dessa forma, a composição vocal é vista como um produto indivisivelmente fundido, do qual não é mais possível determinar a grandeza dos fatores individuais. A seu ver, a música vocal ilumina o desenho do poema.[5] Hanslick reconhece, nos elementos musicais, cores da maior delicadeza e suntuosidade e também de significado simbólico. Porém, numa peça de canto, não são os sons que *representam* algo, mas sim o texto. Ele faz uma comparação com a pintura, na qual é o *desenho*, e não o *colorido*, que determina o objeto repre-

---

5 Em nota de rodapé (Hanslick, 1973, p.21), pode-se ler que essa expressão segundo a qual a música "ilumina o desenho do poema" só é correta no sentido *lógico*, quando se trata da relação abstrata entre a música e as palavras do texto em geral, quando se trata de determinar de qual desses fatores parte a determinação autônoma e decisiva do conteúdo (objeto). No sentido propriamente *estético*, exige-se a beleza musical independente (embora inseparável). Nesse sentido, a música deixa de ser um mero colorir, tornando-se, ela própria, "desenho e cor".

O ROMANTISMO E O BELO MUSICAL **119**

sentado. Da mesma forma, na música vocal, é o texto que determina o objeto representado, a música forneceria apenas uma espécie de "colorido" (cf. Kant, 1998a, §14).

A fim de mostrar que a música vocal não pode determinar a essência da arte dos sons – uma vez que, como vimos, esse papel cabe somente à música instrumental –, Hanslick toma como exemplo um tema do final da ópera *Les Huguenots* e demonstra que, num mesmo trecho melódico, afetos inteiramente opostos podem encontrar uma expressão musical igualmente correta. Ora, se a música fosse capaz de representar um sentimento ou conteúdo determinado, não seria possível trocar os textos de uma determinada melodia, como tantas vezes ocorre.

No que diz respeito à questão da "música descritiva" ou pintura sonora, o autor procura refutar a afirmação de que a música "de nenhum modo pode pintar os *fenômenos* alheios ao seu âmbito, mas apenas o *sentimento* que por eles nos é despertado".

Para tanto, ele levanta a objeção de que é justamente o contrário que ocorre: "a música só pode aspirar a imitar o aspecto externo, mas nunca o sentir específico por ele provocado" (Hanslick, 1973, p.24; 1994, p.33). Isso pode se dar por meio da produção de impressões auditivas dinamicamente análogas – na altura, na intensidade, na velocidade e no ritmo dos sons – aos fenômenos que se pretende pintar musicalmente. Somente por meio de uma "analogia bem fundamentada" pode-se "pintar" musicalmente um objeto – mas, escreve Hanslick (1973, p.24; 1994, p.34), "pretender descrever com sons o sentimento que em nós desperta a neve que cai, o galo que canta [...] é simplesmente ridículo".

Tendo refutado a asserção de que a música poderia representar sentimentos determinados, Hanslick passa agora à crítica da afirmação segundo a qual a música deveria representar e suscitar "sentimentos indeterminados" (ibidem).

Tal ponto de vista teria sido suscitado pela falta de determinação conceitual da música. Entretanto, ele nota que "representar" o "indeterminado" é uma contradição, e que, de modo sensato, só se pode opinar que a música deve conter o movimento do sentir, ou seja, o que ele havia denominado anteriormente como o aspecto *dinâmico* dos afetos. Ao contrário do que afirmam algumas teorias, "um sentir indeterminado como tal não é um conteúdo". Pelo contrário, "toda atividade artística consiste [...] em *individualizar* ideias gerais [*allgemeiner Ideen*], na moldagem do *determinado* a partir do indeterminado, do particular a partir do geral" (Hanslick, 1973, p.25; 1994, p.34).

Criticando a teoria dos sentimentos indefinidos, na qual acredita-se que a música representa algo, mas ninguém sabe o quê, Hanslick afirma que "a partir daqui é pequeno o passo para o reconhecimento de que a música absolutamente não descreve nenhum sentimento, seja determinado, seja indeterminado" (ibidem).[6]

O autor critica ainda a difusão da opinião segundo a qual "a representação de sentimentos determinados" seria um ideal da música do qual ela deveria sempre se aproximar, embora não possa alcançá-lo completamente. Exemplos desse tipo de opinião seriam os brilhantes discursos sobre a tendência da música para "romper as barreiras da sua indeterminação e se transformar em linguagem concreta". Certamente, Hanslick tem em mente aqui o *Programa* escrito por Richard Wagner (s.d., p.60-3) para a *Nona sinfonia* de Beethoven.

Assim como rejeitou a *possibilidade* da representação musical de sentimentos, Hanslick rejeita a opinião de que tal representação musical de sentimentos proporcionaria o *princípio estético* da música. Segundo ele, tampouco a exatidão da representação dos sentimentos (se esta fosse possível) coincidiria com o *belo* na música. A fim de provar tal afirmação, ele admite provisoriamente a hipótese da representação musical dos sentimentos e examina exemplos da música vocal.

---

6 Hanslick (1973, p.25; 1994, p.34-5), numa nota de rodapé, trata dos absurdos a que conduz o princípio errôneo de que em cada peça musical se deve encontrar a representação de um sentimento definido, e do princípio ainda mais falso que impõe a cada gênero de formas artísticas musicais um sentimento específico como conteúdo necessário. Por exemplo, em Mattheson: "A paixão que se deve representar numa *courante* é a esperança".

O ROMANTISMO E O BELO MUSICAL **121**

No caso da música vocal, o objeto a descrever é especificado pelas *palavras*, e a *música* propriamente dita tem somente a força de vivificar e comentar as palavras por meio da analogia do movimento e do simbolismo dos sons.

Um exemplo claro é o caso do recitativo na ópera, o qual visa à cópia fiel de estados anímicos determinados, seja por meio da expressão declamatória, seja pelo acento da palavra individual. Ora, escreve Hanslick (1973, p.27; 1994, p.36), se a teoria da representação musical dos sentimentos fosse correta, o recitativo deveria ser a forma musical suprema, mas tal não ocorre: isto porque no recitativo a música "se rebaixa ao papel de serva" perdendo, assim, "todo significado autônomo".

Hanslick conclui que a beleza musical está inclinada a fugir do particularmente expressivo, pois esse exige uma negação servil da música, enquanto *a genuína beleza musical exige desdobramento independente*. Pode-se notar aqui uma herança do romantismo de Tieck e Wackenroder na questão da defesa da autonomia da música com relação à expressão de um texto determinado. Note-se ainda a influência da estética francesa, sobretudo dos textos de Boyé e Chabanon[7] quanto à questão do recitativo, quando Hanslick se pergunta acerca do valor e significado da execução de um recitativo longo com a omissão das palavras, como prova de que a tarefa da música não coincide com a expressão de processos anímicos determinados. Hanslick chega até mesmo a acrescentar, nas edições seguintes, o exemplo (que se tornaria célebre) dado por Boyé, extraído da ópera *Orfeu e Eurídice* de Gluck.

Em seguida, o autor passa a tratar do problema da ópera. Essa se lhe apresenta como uma luta contínua entre o princípio da exatidão dramática e o da beleza musical, um gênero ambíguo, pois não é somente um drama falado, nem somente pura música instrumental. Além disso, exige-se do compositor de óperas uma combinação e

---

7 Deve-se notar que o texto de Chabanon, *Observations sur la musique*, havia sido traduzido para o alemão por Johann Adam Hiller, sob o título *Über die Musik und deren Wirkungen* (1781) (cf. Le Huray, 1981, p.379).

conciliação incessante e jamais um predomínio desproporcional de um ou outro fator.

Contrariamente a Wagner, Hanslick afirma que a ópera é, em primeiro lugar, "música", e não "drama": a preferência deve ser dada sempre à exigência *musical*. A seu ver, o princípio *dramático* e sua relação com o princípio *musical* constitui o princípio vital da ópera. Suas críticas a Wagner devem-se sobretudo ao fato de este privilegiar o aspecto dramático, enquanto, do ponto de vista de Hanslick, somente o princípio da beleza musical é que poderia constituir uma fundação sólida para a ópera. Hanslick (1973, p.30; 1994, p.40) escreve: "a ópera é de fato *impossível* se não se reconhecer a prioridade ao princípio musical".

Dessa forma, a seus olhos, o princípio fundamental de Wagner (2000, p.19), que consta do livro *Ópera e Drama* – a saber, "o erro do gênero artístico da ópera consiste no fato de que se converteu um meio de expressão (a música) em finalidade [*Zweck*], enquanto a finalidade de expressão (o drama), converteu-se em um meio" –, baseia-se num erro. Segundo Hanslick (1973, p.31; 1994, p.40), "uma ópera em que a música se emprega sempre *apenas como meio* da expressão dramática é um absurdo musical".

Hanslick conclui o capítulo afirmando que os sentimentos são, portanto, insuficientes como princípio estético do belo musical, e que o princípio do belo na arte sonora deve ser, portanto, um elemento autônomo. Veremos na análise do capítulo seguinte a maneira pela qual ele demonstrará isso.

4
Análise do Capítulo 3 –
O belo musical

Como vimos, até este ponto, Hanslick procurou expor sua tese negativa, na qual procura rejeitar o pressuposto errôneo de que o belo musical poderia consistir na *representação* de sentimentos [*Darstellen von Gefühle*]. Tendo estabelecido isso, ele passa à exposição de sua tese positiva, que procurará responder à questão acerca da *natureza* do belo na música.

A seu ver, a natureza do belo na música é algo de *especificamente musical*: "um belo que, independente e não necessitado de um conteúdo vindo de fora, está somente nos sons e em sua ligação artística" (Hanslick, 1973, p.32; 1994, p.41). O que nos agrada como *belo* está nas "relações plenas de sentido" dos sons, os quais têm em si mesmo seu atrativo. Em outras palavras, o belo musical está nos próprios sons e em sua combinação artística.

A partir do exame do material com base no qual o compositor cria, a saber, os *sons* no seu conjunto, Hanslick afirma a existência de inúmeras possibilidades de combinações de melodia, harmonia, ritmo. À melodia, considerada por ele como figura fundamental da beleza musical, dá-se a primazia, seguida pela harmonia e pelo ritmo.

Essa afirmação, segundo a qual os sons são o material com base no qual a música é criada, parece não suscitar grandes controvérsias. Contudo, a questão sobre a primazia na música dever ser dada à

124 MÁRIO VIDEIRA

melodia ou à harmonia já constitui uma tomada de partido um pouco mais polêmica, como vimos, por exemplo, na querela entre Rousseau e Rameau. Essa discussão, no entanto, aparece no ensaio com o propósito de responder à questão acerca do que deve ser expresso com esse material sonoro. Ora, se a opinião comum não tinha dúvidas em afirmar que a música deveria representar ou expressar sentimentos, Hanslick defende que a música deve expressar *Ideias musicais*. A seu ver, "uma ideia musical trazida inteiramente à manifestação é já um belo autônomo, um fim em si mesma, e de modo algum apenas meio ou material para a representação de sentimentos e pensamentos" (Hanslick, 1973, p.32; 1994, p.42).

No capítulo anterior, Hanslick havia demonstrado que os sentimentos não são o conteúdo [*Inhalt*] da música. A essa tese negativa ele contrapõe agora sua tese positiva, segundo a qual "formas sonoras em movimento são o único e exclusivo conteúdo e objeto da música" (ibidem).[1]

O autor defende a tese de que a música proporciona Formas belas sem ter por conteúdo um afeto determinado.[2] Essa ideia pode ser compreendida por meio das analogias que ele fornece. Primeiramente, ele compara a música a um *arabesco*, porém um arabesco vivo, em contínua autoformação, como emanação de um espírito artístico.

---

1 No original alemão: *"Tönend bewegte Formen sind einzig und allein Inhalt und Gegenstand der Musik".*

2 Kant (1998a, p.120-1), no § 16 da sua CFJ, distingue duas espécies de beleza: a beleza livre [*pulchritudo vaga*] e a beleza simplesmente aderente [*pulchritudo adherens*]: a primeira não pressupõe nenhum conceito do que o objeto deva ser; a segunda pressupõe um tal conceito e a perfeição do objeto segundo o mesmo. Similarmente a Hanslick, que compara a música ao arabesco, Kant exemplifica da seguinte forma o conceito de beleza livre: "Assim os desenhos *à la grecque*, a folhagem para molduras ou sobre papel de parede etc., por si não significam nada: não representam nada, nenhum objeto sob um conceito determinado, e são belezas livres. Também se pode contar como da mesma espécie o que na música se denomina fantasias (sem tema), e até toda a música sem texto. No julgamento de uma beleza livre (segundo a mera forma) o juízo de gosto é puro. Não é pressuposto nenhum conceito de qualquer fim, para o qual o múltiplo deva servir ao objeto dado e ao qual este último deva representar, mediante o que unicamente seria limitada a liberdade da faculdade da imaginação, que joga por assim dizer na observação da figura".

O ROMANTISMO E O BELO MUSICAL **125**

De acordo com Seligmann-Silva, o conceito de arabesco é proveniente da terminologia utilizada para as artes plásticas, devendo-se sua introdução no âmbito da crítica literária aos *Humanitäts-Briefe* de Herder:

> Os primeiros românticos desenvolveram este conceito em estreita conexão com a teoria do romance por eles estabelecida. O "arabesco" indica para eles basicamente a *forma primitiva da fantasia, o livre jogo da imaginação e, em última análise, o mergulho no heterogêneo e a exposição do infinito.* (Seligmann-Silva, in Benjamin, 1999, p.143 – grifos nossos)

Essa noção de arabesco como um "pequeno adereço de volteios sinuosos nascidos da pura fantasia" (Stirnimann, in Schlegel, 1994, p.23), tão cara ao romantismo literário alemão (cf. Schlegel, 1994, p.63), parece estar bastante próxima dessa noção de "arabesco vivo" que Hanslick aplica à música.[3] Na verdade, essa comparação entre música e arabesco não era nenhuma novidade: de fato, podemos encontrá-la no vigésimo oitavo dos *Fragmentos e estudos*, escritos por volta de 1799-1800, por Novalis (1962, p.497): "A verdadeira música *visível* são os arabescos, desenhos, ornamentos etc.".

Similarmente ao arabesco, Hanslick faz ainda uma analogia entre música e as Formas e cores belas de um *caleidoscópio*, em constante e progressiva alternância. Porém, ressalta que, diferentemente do caleidoscópio, na música as Formas são *emanação direta de um espírito artístico criador.*

Hanslick (1973, p.33; 1994, p.43) defende que "toda arte parte do sensível [*Sinnlichen*] e com ele se tece". Além disso, a música se dirige à Fantasia, à sensibilidade consciente, numa contemplação dos sons que se estruturam. Segundo o autor, se não se conseguiu compreender a plenitude da beleza que vive no puramente musical, a culpa é da subestimação do sensível: a) em estéticas mais antigas: em favor da moral e do ânimo; b) em Hegel: em favor da "Ideia".

---

3 Cf. a questão de Schlegel: "Não ocupa o arabesco um lugar na pintura similar àquele da fantasia na música?" (apud Daverio, 1993, p.26).

126 MÁRIO VIDEIRA

Além disso, escreve Hanslick, a "teoria do sentimento" desconhece que toda arte parte do sensível: ignora completamente o "ouvir" e passa imediatamente para o "sentir".

A dificuldade em descrever o belo autônomo na música deve-se sobretudo ao fato de que esse não possui nenhum modelo na natureza e não expressa nenhum conteúdo conceitual. Por conseguinte, qualquer descrição do belo na música só pode ser feita por meio de áridos termos técnicos ou ficções poéticas.

Longe de quaisquer devaneios românticos, entretanto, Hanslick (1973, p.34; 1994, p.43) defende uma completa autonomização da música da exigência de representar ou suscitar quaisquer sentimentos ou conteúdos alheios à própria especificidade musical. A seu ver, a música: 1) deve ser *apreendida* como música; 2) só pode ser *compreendida* a partir de si mesma; 3) só pode ser *fruída* em si mesma. Contudo, *de modo algum* tal modo de apreensão, compreensão e fruição "especificamente musical" deve ser tomado como mera beleza acústica, como um "jogo de sons que faz cócegas ao ouvido" (designações que, a seu ver, são usadas para designar a falta de animação espiritual da música). Pelo contrário, no entender de Hanslick (1973, p.34; 1994, p.44), a beleza musical exige um Conteúdo espiritual [*geistigen Gehalt*]. Ele escreve: "não reconhecemos beleza alguma sem espírito". Assim, o conceito de Forma possui, na música, uma realização inteiramente peculiar: "as Formas, que se configuram a partir dos *sons*, não são vazias, mas sim, preenchidas, não são mera delimitação linear de um vazio, mas espírito que se configura de dentro para fora [*sich von innen heraus gestaltender Geist*]". Dessa forma, "o Conteúdo espiritual [*geistige Gehalt*] encontra-se na relação mais estreita com essas Formas sonoras" (ibidem).

Hanslick compara a música a um "quadro" cujo objeto não podemos exprimir em *palavras* nem subordinar aos nossos *conceitos*; a uma linguagem que falamos e compreendemos, mas que não somos capazes de traduzir.

Segundo ele, o elemento racional na música funda-se em leis naturais. O ouvido *instintivamente* percebe o caráter racional ou não de um grupo de sons, mediante a mera contemplação, sem que um conceito lógico subministre o critério (Hanslick, 1973, p.35; 1994, p.44).

O ROMANTISMO E O BELO MUSICAL **127**

Voltando à questão do material da música, Hanslick (1973, p.35; 1994, p.45) escreve que "o compor é um trabalhar do espírito em material apto ao espírito".[4] Segundo ele, pode-se caracterizar o material musical como: a) elástico e penetrável para a fantasia artística; b) não construído com pedras brutas como a arquitetura, mas com o *efeito* de sons que já se desvaneceram; c) de natureza mais espiritual e delicada que qualquer outra matéria artística. Além disso, o mesmo não se consegue por mera justaposição mecânica, mas por meio da criação livre da fantasia.

Como podemos perceber, para o autor, a composição musical é considerada uma criação de um espírito que pensa e sente, de forma que tal composição possui a capacidade de ser ela mesma plena de espírito e sentimento. Por ser obra de um espírito racional, o Conteúdo espiritual está nas próprias formações sonoras. Aliás, tal Conteúdo [*Gehalt*] é exigido em toda obra de arte musical. "Toda arte tem por objetivo trazer à manifestação externa uma Ideia vivificada na fantasia do artista." No entanto, diferentemente das demais manifestações artísticas – sobretudo as artes plásticas e a poesia –, "este *ideal* na música é *sonoro*; e não algo de conceitual, que teria de ser traduzido primeiramente em sons" (Hanslick, 1973, p.36; 1994, p.45).

Ao contrário da opinião do senso comum, Hanslick afirma que o compositor parte da *invenção* de uma *melodia* (motivos e temas), e não do propósito de descrever musicalmente uma paixão. Em sua atividade, o compositor refere-se sempre a esse tema, com o objetivo de expô-lo em todas as suas relações, sem nenhuma referência a algo externo: "agrada-nos em si, como o arabesco, a coluna ou os produtos do belo natural, como a folha e a flor":

> O belo de um simples tema autônomo manifesta-se no sentimento estético com aquela imediatidade que não suporta qualquer outra explicação a não ser, quando muito, a *finalidade interna* do fenômeno [*innere Zweckmäßigkeit der Erscheinung*], a harmonia de suas partes, sem referência a um terceiro que exista no exterior. (Hanslick, 1973, p.36-7; 1994, p.45)

---

4 No original alemão: "*Das Componiren ist ein Arbeiten des Geistes in geistfähigem Material*".

128   MÁRIO VIDEIRA

Hanslick, portanto, considera errônea a opinião que distingue "música bela" com e sem Conteúdo espiritual.

A seu ver, a expressão espiritual de um tema é influenciada pelas determinações puramente técnicas, musicais desse, sem que seja necessário apelar para o sentimento.[5]

O efeito passional de um tema, da mesma forma, tem sua causa não "na pretensa disposição de ânimo que se apossava do compositor", mas sim em fatores musicais objetivos (cromatismo, tonalidades etc.). Assim, o efeito de uma melodia é consequência de fatores musicais.

A "fundamentação filosófica da música" deveria consistir na investigação da natureza de cada elemento musical singular, da sua relação com uma impressão determinada e, por fim, na redução destas observações particulares a leis gerais:[6]

> Mas nunca se explica o efeito psíquico e físico de cada acorde, de cada ritmo, de cada intervalo quando se diz: este é vermelho, aquele é verde, ou este é a esperança, aquele, o mau-humor, mas somente através da subsunção das propriedades musicais específicas sob categorias estéticas gerais e estas sob um princípio superior. Explicados assim os distintos fatores musicais no seu isolamento, seria necessário ainda demonstrar como eles se determinam e se modificam nas mais diversas *combinações*. (Hanslick, 1973, p.39; 1994, p.48)

O autor dirige ainda sua crítica às concepções que estabeleciam a *melodia* como "inspiração do gênio", como "portadora da sensibilidade e do sentimento", e a *harmonia* como "portadora do Conteúdo sólido", como produto da reflexão. Para Hanslick (1973, p.40; 1994, p.48), assim como o espírito é um só, do mesmo modo a invenção musical de um artista também é uma só: "a melodia e a harmonia

---

5 Para ele, os sentimentos são apenas fenômenos como outros, que proporcionam *analogias* para a caracterização do caráter musical. Hanslick afirma que, no entanto, deve-se precaver de dizer que tal ou tal música *descreve* o orgulho, e assim por diante.

6 Percebe-se aqui, novamente, a influência que o ideal do método científico exerceu sobre Hanslick.

de um tema nascem simultaneamente numa mesma armadura da cabeça do compositor": Melodia, harmonia, ritmo e timbre são por ele concebidos simultaneamente: "o Conteúdo espiritual só corresponde ao conjunto de todos eles, e a mutilação de um membro lesa também a expressão dos restantes" (ibidem).

"Portanto", escreve Hanslick (1973, p.40; 1994, p.49), "a 'fundamentação filosófica da música' deveria investigar primeiramente quais determinações espirituais necessárias estão ligadas a cada elemento musical, e como se relacionam entre si."

O ato da criação musical nada tem a ver com a representação[7] de um conteúdo determinado, mas sim com a realização artística de uma *ideia musical* que nasce da fantasia do compositor;[8] e, uma vez que os materiais empregados pelos compositores são os mesmos (os sons, escalas etc.), o que distingue a produção musical entre esses não é a suposta representação de sentimentos mais elevados, ou a representação mais ou menos correta de um sentimento, mas sim o tratamento que cada compositor dá aos seus temas, a maneira como os desenvolve, a originalidade ou banalidade de suas harmonias, ritmos etc.

O *belo* de uma peça musical, portanto, tem suas raízes somente nas suas determinações musicais. Da mesma forma, as leis de construção de uma peça musical obedecem somente às suas determinações musicais.

Hanslick critica a concepção que afirma que a sonata e a sinfonia deveriam representar em cada um de seus movimentos estados anímicos distintos entre si, mas conexos uns com os outros. Ele lembra que as leis científicas devem possuir relações *necessárias*, mas não se encontra tal relação de necessidade quando se relacionam determinados sentimentos como conteúdo dos movimentos musicais. Desse modo, ele conclui que a unidade de uma sinfonia deve ser exclusiva-

---

7 Tal como ocorre na música programática, cuja compreensão fica comprometida se não tivermos conhecimento do programa.

8 "Não se procure a representação de processos anímicos ou acontecimentos determinados numa peça musical, mas antes de tudo, *música* [...]. Onde falta o belo musical não poderá substituí-lo jamais a inoculação sutil de algum significado grandioso, e é inútil fazê-lo, quando aquele existe" (Hanslick, 1973, p.42; 1994, p.50).

130 MÁRIO VIDEIRA

mente musical, ou seja, deve ter seu fundamento em determinações musicais, e não num sentimento que se atribui de maneira arbitrária a cada um de seus movimentos: "Do ponto de vista estético é indiferente se Beethoven [...] escolheu determinados assuntos; não os conhecemos, por isso, não existem para a obra. O que existe é a própria obra, sem comentário algum [...]. Para o juízo estético não existe o que vive fora da obra de arte" (Hanslick, 1973, p.44; 1994, p.52).

Como conclusão do Capítulo 3, Hanslick busca fixar três aspectos de seu conceito de belo musical:

1) Atribuição de *validade universal* ao belo musical. Esse seria válido para todos os estilos, mesmo para os mais opostos – "não se limita ao clássico, nem encerra uma preferência por este frente ao romântico" (ibidem).

2) Completa separação entre estética e história da arte. Hanslick (1973, p.45; 1994, p.53) considera que juízo estético e compreensão histórica são coisas totalmente distintas: "o paralelo de especialidades artísticas com situações históricas determinadas é um processo da história da arte, e não um [processo] puramente estético".

   A seu ver, o esteta teria que ater-se às *obras* e investigar o que é *belo* nelas, e o porquê; e as condições pessoais ou o ambiente histórico do compositor seriam desprovidos de relevância para a consideração estética da música. Mais uma vez Hanslick (1973, p.46; 1994, p.53) critica a estética hegeliana. A seu ver, Hegel teria confundido o seu ponto de vista, voltado predominantemente para a história da arte, com o "puramente estético", comprovando na música "determinidades que ela em si jamais teve" (cf. Dahlhaus, 1991, p.81).

3) Estabelecimento da autonomia da música com relação à matemática e à linguagem. Inicialmente cabe notar que, ao afirmar que o belo musical nada tem a ver com a matemática, Hanslick tem em mente uma concepção que relaciona a matemática com algo mecânico e, por isso, nega qualquer possibilidade de um "cálculo" da composição. Para Hanslick (1973, p.47; 1994, p.55), "a matemática regula meramente a matéria [*Stoff*] elementar para o tratamento apto ao espírito". A matemática, a

O ROMANTISMO E O BELO MUSICAL   131

seu ver, ocupa um papel oculto, e as relações dessa com a música restringem-se meramente à parte física dela, como as vibrações dos sons, relações de consonância e dissonância etc.

Se, por um lado, ele nega o papel importante que a matemática desempenharia na música – tal como pretendiam as teorias de Rameau; por outro, ele nega também o parentesco entre música e linguagem – que marca os escritos de Rousseau.

No entender do autor, as analogias que se tentou estabelecer entre música e linguagem são limitadas, uma vez que considera que o ponto principal na música é a significação autônoma e a beleza dos sons, enquanto na linguagem, o som é simples meio de expressão. Ou, nas palavras do próprio Hanslick (1973, p.49; 1994, p.56): "na linguagem, o *som* é apenas *meio* para o fim de algo a expressar [...] enquanto que na música o som surge como fim em si".

A crítica à música como linguagem vem aqui em favor de sua plena autonomia ante quaisquer exigências de que a música expresse um conteúdo externo a ela própria. A Estética musical deve, pois, tratar do *belo* e não da (pretensa) *significação* da música (que, como vimos, reside nela mesma, e não num conteúdo externo).[9]

Assim, Hanslick (1973, p.52; 1994, p.58) aponta como uma das mais importantes tarefas da Estética musical: a) expor a diferença fundamental entre a essência da música e a da linguagem; b) estabelecer o princípio de que, onde se trata do especificamente musical, perdem toda a aplicação as analogias com a linguagem.

Cabe notar ainda que Hanslick não nega que a música *possa* suscitar sentimentos nos ouvintes, nem nega a possibilidade de se *associar* acontecimentos à música, mas como esses não possuem o requisito da *necessidade*, ou seja, são *contingentes*, variam de pessoa a pessoa, são meramente subjetivos e arbitrários, não podem servir como *fundamento* de nenhuma proposição estética.

---

9 Em nota de rodapé, Hanslick critica a escola de crítica musical "que gosta de se esquivar à questão de se uma música é *bela*, com profundas meditações sobre o que de grande ela *significa*". Isso deve-se ao fato de que, ao perguntar-se sobre o pretenso "significado", pelo "conteúdo" de uma peça musical, acaba-se por deixar de lado a própria música e suas determinações especificamente musicais.

5
ANÁLISE DO CAPÍTULO 4 – ANÁLISE DA IMPRESSÃO SUBJETIVA DA MÚSICA

Além do que foi determinado no final do capítulo anterior, Hanslick põe ainda, como uma das tarefas da Estética musical, submeter o sentimento ao domínio da beleza.

Como já ficou estabelecido, a Fantasia (e não o sentimento), como atividade da contemplação pura, é o *órgão* a partir do qual e para o qual se origina todo o belo artístico, de modo que, do ponto de vista estético, também a obra de arte musical manifesta-se como uma configuração especificamente estética, não condicionada pelo nosso sentir. Assim, para Hanslick (1973, p.52; 1994, p.59), o tratamento científico (estético) da obra musical deve apreendê-la em sua constituição interna, "separando-a dos acessórios psicológicos de sua origem e efeito".

Embora a obra seja autônoma, independentemente do nosso sentir, Hanslick reconhece que as "exteriorizações afirmativas do sentir" têm um papel muito chamativo e importante na vida musical *prática*, de modo que ele procura, nesse capítulo, fazer uma análise da impressão subjetiva da música. Considerando a obra de arte musical numa posição intermediária entre o compositor e o ouvinte, ele afirma que no momento anterior (no compositor) e no momento posterior (no ouvinte) à sua criação, o "sentir" tem uma certa importância, que lhe parece digna de exame.

Dessa forma, uma vez afirmada essa presença do "sentir" na vida musical prática, o autor inicia, em um primeiro momento da investigação, o exame do papel que o sentir desempenha no caso do *compositor*. A partir de determinações já bastante conhecidas, pertencentes à doutrina geral das artes, Hanslick admite que, no momento da criação, o compositor está imbuído de uma disposição anímica exaltada e do "entusiasmo" [*Begeisterung*].

Se, entretanto, levarmos em conta a especificidade do âmbito da música, a atividade composicional pode ser entendida como um configurar [*Bilden*] constante, um "formar" em relações sonoras. Longe de ser mera "improvisação entusiástica", submetida à soberania do sentimento, a criação musical é, na verdade, um trabalho que progride passo a passo, de natureza reflexiva e complicada, que exige uma elaboração minuciosa: "A atividade do compositor é *plástica* à sua maneira, comparável à do artista plástico [...] e tal como este deve apresentar objetivamente o seu ideal (musical), configurando-o em Forma pura" (Hanslick, 1973, p.53; 1994, p.60).

Contrariamente à opinião do senso comum, a intensidade e a vivacidade do sentir não são decisivas para a atividade composicional: "Não é o sentimento [*Gefühl*] que compõe, mas os dons especificamente musicais, artisticamente educados" (Hanslick, 1973, p.54; 1994, p.60) e, muito embora possa encontrar-se amplamente desenvolvido no compositor, o sentimento não é o fator criador.

A arte sonora, como se viu nos capítulos precedentes, não tem a capacidade de representar afetos determinados. Assim, mesmo que o compositor esteja imbuído de um forte *pathos*, esse jamais será o objeto de sua composição.

A obra de arte musical é, portanto, concebida de modo puramente *musical*; seu caráter não é resultado dos sentimentos pessoais do compositor, cuja atividade, análoga a um configurar, é de natureza essencialmente objetiva: "O compositor forma um belo autônomo. A matéria espiritual dos sons, infinitamente capaz de expressão, permite que a subjetividade de quem neles modela manifeste-se no modo de seu formar" (Hanslick, 1973, p.54; 1994, p.61).

Como vimos na análise dos capítulos precedentes do ensaio, a consideração *estética* não pode apoiar-se em nenhuma circunstância que esteja fora da obra de arte. Assim, para o autor, a expressão musical do tema é consequência necessária dos fatores sonoros escolhidos e não constitui a expressão dos sentimentos do compositor – como afecções meramente subjetivas – nem de fatores históricos e biográficos – que são alheios à obra de arte.

De acordo com Hanslick (1973, p.57; 1994, p.63), o estilo de um compositor não pode ser deduzido de sua individualidade. Sua fundamentação está na objetividade da configuração artística. Desse modo, o estilo, na música, deve ser compreendido pelo lado de suas determinações musicais, e pode ser relacionado com o aspecto arquitetônico, com a harmonia entre o todo e as partes: "Na *composição* de uma peça musical depara-se, pois, com uma exteriorização do afeto pessoal próprio só na medida em que o permitem os limites de uma atividade formadora predominantemente objetiva".

O segundo momento dessa investigação conduz o autor ao exame da questão do *intérprete* e da interpretação. Ao efetuar uma divisão da música em composição e reprodução, Hanslick considera que é nessa última, ou seja, na reprodução de uma obra artística terminada levada a cabo pelo intérprete, que se permite "a emanação imediata de um sentimento em sons" (ibidem). Essa "emanação" de sentimentos dá-se na reprodução (interpretação) e não na invenção, o que serve como distinção entre a atividade interpretativa e a compositiva.

Diferentemente do compositor, "ao intérprete é permitido libertar-se imediatamente do sentimento que o domina, por meio de seu instrumento" (ibidem): a interioridade corporal imprime o estremecimento íntimo às cordas [do instrumento] através das pontas dos dedos ou do movimento do arco etc., o que "possibilita a mais pessoal efusão da disposição anímica na execução musical" (Hanslick, 1973, p.57; 1994, p.64).

A diferença fundamental entre composição e interpretação pode ser resumida da seguinte forma: na primeira, a obra sonora é *formada*, enquanto na segunda, ou seja, na execução, ela é *vivenciada*.

136 MÁRIO VIDEIRA

Segundo Hanslick, "o momento da música que suscita e exterioriza o sentimento está no ato da reprodução" (ibidem).[1]

Tendo examinado as figuras do compositor e do intérprete, resta ainda examinar a figura do *ouvinte*: "Através da emoção liberada pelo executante, a expressão do que é tocado comunica-se ao ouvinte" (Hanslick, 1973, p.58; 1994, p.65).

Hanslick considera inegável a existência de efeitos [*Wirkungen*] que a música provoca no ouvinte, levando-o à alegria ou à melancolia. Importa aqui examinar mais atentamente duas questões:

a) Primeiramente, em que consiste o caráter específico dessa excitação dos sentimentos por meio da música e o que a diferencia de outros movimentos dos sentimentos?

b) Em segundo lugar (e talvez mais importante para nossa discussão): quanto desse efeito é *estético*?

Hanslick reconhece em todas as artes a faculdade de atuar sobre os sentimentos, porém assinala à música a peculiaridade de agir sobre o estado de ânimo de modo "mais rápido e intenso" do que qualquer outro belo artístico (ibidem). A seu ver, "nos efeitos musicais sobre o sentimento está em jogo um elemento estranho e não puramente estético" (Hanslick, 1973, p.60; 1994, p.66).[2]

A influência mais intensa da música sobre o sistema nervoso, em comparação com as demais artes, baseia-se em condições fisiológicas. Entretanto, nem a fisiologia nem a psicologia de sua época, segundo Hanslick, conseguem fornecer explicações satisfatórias a esse respeito: "O fator sensorial, que porta o espiritual em toda fruição da beleza, é maior na música do que nas demais artes. A música [é] a [arte] mais espiritual por meio de seu material incorpóreo, [e] a arte mais sensorial pelo lado de seu jogo de Formas desprovido de objeto [*gegenstandlosen*]" (ibidem).

---

1 Há, contudo, um caso no qual a criação e a execução coincidem num só ato, a saber, no que Hanslick denomina como Fantasia livre (isto é, a improvisação). Essa teria uma tendência subjetiva e não uma tendência artística (formal).

2 Lembremos aqui que um dos principais objetos de investigação do ensaio é o que Hanslick denomina como o "puramente estético" [*rein ästhetisch*] da música.

O ROMANTISMO E O BELO MUSICAL   **137**

No movimento seguinte, Hanslick tece considerações gerais acerca das teorias fisiológica e psicológica, bem como de curas por meio da música etc.

Inicialmente, faz uma crítica à literatura que trata da aplicação dos efeitos corporais da música com fins terapêuticos, reduzindo-a à condição de mera curiosidade, uma vez que tais escritos resultam de procedimentos "sem confiabilidade na observação", além de serem "não científicos na explicação" (Hanslick, 1973, p.61; 1994, p.67).

A seu ver, as teorias psicológica e fisiológica coincidem no fato de, "a partir de pressupostos duvidosos, inferirem consequências ainda mais duvidosas e chegarem, por fim, a conclusões *práticas* ainda mais questionáveis" (Hanslick, 1973, p.63; 1994, p.69). Assim, constata a insuficiência, para a estética, das explicações que tais teorias poderiam fornecer:

> Mas como uma estimulação do nervo auditivo, que não podemos sequer seguir até à sua origem, incide na consciência como qualidade de sensação determinada, como a impressão corporal transforma-se em estado anímico, como, por fim, a sensação transforma-se em sentimentos – tudo isto fica para além da ponte escura, que nenhum pesquisador ultrapassou. (Hanslick, 1973, p.67; 1994, p.72)

A partir daí podem ser deduzidas as consequências práticas para a atividade do *crítico musical*: esse não deve se basear no efeito que a música possa exercer sobre os seus sentimentos – uma vez que esses são de natureza meramente subjetiva, não possuem o requisito da necessidade requerida pela ciência –, tampouco pode se apoiar nos dados fornecidos pela fisiologia, uma vez que os subsídios que ela poderia fornecer são ainda limitados.

Ora, se é vedado ao crítico fundamentar o valor e o significado de uma sinfonia, por exemplo, "com a descrição das emoções subjetivas que o invadem na sua audição", nem se pode "ensinar algo aos adeptos da música tomando os afetos como ponto de partida" (Hanslick, 1973, p.68; 1994, p.73), é fácil perceber o alcance das críticas que o autor dirige a alguns dos mais importantes teóricos[3] da

---

3 Hanslick cita os autores Mattheson, Heinchen e Böcklin como exemplos.

138 MÁRIO VIDEIRA

doutrina dos afetos, por tentar ensinar como compor o orgulho, a humildade e outras paixões.[4]

Conforme observa Hanslick, a relação entre os sentimentos determinados com certos modos de expressão musical não é tão confiável quanto se tende a acreditar, de modo que ele acaba por considerar infundadas quaisquer regras para despertar sentimentos determinados por meio da música.

À consideração estética deve importar a questão acerca de como o compositor produz o *belo* na música, e não como suscitar afetos no auditório: "somente a *beleza musical* é a meta do compositor" (Hanslick, 1973, p.69; 1994, p.74). O efeito sobre o sentimento não é necessário nem investigável.

Por fim, como resposta às duas questões anteriormente levantadas, ele conclui, em primeiro lugar, que é o efeito intensivo sobre o sistema nervoso – no qual se baseiam a força e o imediatismo com que a música consegue suscitar afetos em comparação com as outras artes – o momento específico que caracteriza o efeito no sentimento por meio da música. Em segundo lugar, ele conclui que esse momento não é de natureza essencialmente *estética*, uma vez que quanto mais forte o efeito corporal (patológico) de uma arte, tanto menor sua participação estética.

Desse modo, somente a contemplação pura deve ser considerada como o elemento genuinamente estético da música, como a contraparte da excitação de sentimentos.

---

4 Cf. Parte 1, Capítulo 3, acerca da doutrina dos afetos.

6
ANÁLISE DO CAPÍTULO 5 – A RECEPÇÃO ESTÉTICA PERANTE A RECEPÇÃO PATOLÓGICA[1] DA MÚSICA

Hanslick inicia o capítulo com uma espécie de introdução acerca dos efeitos deletérios que a ênfase excessiva nos efeitos da música sobre os sentimentos causou para a estética musical, fazendo ainda uma distinção entre: a) o elemento *artístico*, ou seja, o que vem do espírito e ao espírito se dirige; e b) o elemento material, ou o *elementar* da música, o som, o movimento, que se liga ao fisiológico e aos sentimentos, mas que é insondável para a ciência estética.

No Capítulo 4 de seu ensaio, Hanslick procurou demonstrar que a excitação corpórea do ouvinte está misturada, em grande parte, às "impressões subjugadoras" da música. Essa penetrabilidade da música no sistema nervoso não está no elemento artístico, mas sim no elemento *material* (som), que se dá por meio de complicadas afinidades fisiológicas.

Hanslick (1973, p.70; 1994, p.75) escreve: "longe de nós pretender reduzir os direitos do sentimento na música". Contudo, nota que esse sentimento só pode ser considerado *artístico* "quando permanece consciente de sua origem estética" (ibidem). A recepção *estética* caracteriza-se pela contemplação *livre* do belo artístico determinado, e não pela atitude que aprisiona o ânimo pelo poder natural dos sons.

---

1 No capítulo anterior, Hanslick (1973, p.69; 1994, p.74) define "patológico" como o efeito da arte que subjuga/domina o corpo.

140   MÁRIO VIDEIRA

Haveria ainda uma possibilidade de recepção que não se poderia propriamente chamar estética, mas sim (na terminologia de Hanslick) uma recepção *patológica* da música. O exame do tipo patológico de recepção musical começa pela constatação de um fato da experiência, a saber, o número significativo de pessoas que permitem que o *elementar* da música atue nelas em passiva receptividade. Para Hanslick, tal atitude é característica do comportamento patológico, e não do comportamento contemplativo. É a percepção de um conteúdo sentimental abstrato, em vez do fenômeno artístico concreto.

Tais pessoas, escreve Hanslick, ao se deixarem embalar pelas vibrações dos sons, não fazem uma fruição espiritual da música e obtêm prazer apenas no *elementar* da música (o som). Sua principal crítica volta-se aqui contra a falta de atividade espiritual desse tipo de recepção da música, que resulta num estado semelhante à embriaguez pelo vinho ou pelo éter. Nessa concepção, as obras musicais assemelham-se aos produtos da natureza, cuja fruição pode nos deliciar, mas não nos obriga a *pensar* segundo um espírito criador consciente.

Muito embora a música, como produto do espírito humano, não deva ser fruída como mero estímulo natural sensível, Hanslick reconhece que em nenhuma outra arte é possível tal tipo de fruição em tão alto grau como na música.

Isso se dá, primeiramente, pelo lado do *sensível* (a música tolera uma fruição sem espírito) e, em segundo lugar, pelo lado de seu *desvanecimento* (enquanto as demais artes permanecem), que a seu ver assemelha-se ao ato da consumação. De maneira similar a Kant,[2] Hanslick (1973, p.73; 1994, p.78) afirma que "a música é a arte mais impertinente e também a mais indulgente": não se pode deixar de ouvir a música, mas não se precisa *escutá-la*, isto é, ouvi-la atentamente.

Ao abordar a questão dos *"efeitos morais"* da música, Hanslick retoma o pensamento dos antigos que realçavam os efeitos morais[3] e

---

2 Cf. a questão da "falta de urbanidade" da música (Kant, 1998a, §53, p. 236).

3 Como lembra Lia Tomás (2002, p.41), a ideia de que a música exerce uma direta e profunda influência sobre os espíritos e, por consequência, sobre a sociedade remonta a Damon. Segundo a autora, dessa crença provém "o ajuste dos modos musicais a determinados *éthoi (éthos)*, ou seja, a diferentes caracteres ou estados anímicos, atribuindo à música uma função educativa". Quanto a esse assunto, ver ainda Fubini (1976, p.23-8).

os efeitos físicos (sobretudo as curas) obtidos por meio da música. Ele observa, entretanto, que tal como acontecia com os efeitos físicos, também os supostos "efeitos morais" da música não são *estéticos*, uma vez que não se frui a música como algo belo, mas como "rudimentar força da natureza, que induz a uma ação irrefletida" (ibidem).

Hanslick considera indigno do espírito humano deixar-se dominar pelo elementar de uma arte, por um poder que não se encontra em relação com nosso querer e pensar, que apenas demonstra, nesse caso, nossa incapacidade para a ação livre. Segundo ele, é no predomínio do elemento do sentimento que as antigas acusações contra a música encontram fundamento: que ela debilita, efemina, enfraquece. Hanslick (1973, p.74; 1994, p.79) considera verdadeiras tais censuras "quando se faz música como um meio de suscitar 'afetos indeterminados', como alimento do 'sentir' em si".[4]

Dentre os efeitos da música mais comumente relatados entre os antigos estão o de acalmar ou mergulhar os ânimos na tristeza ou na alegria. Para explicar os relatos de efeitos morais "miraculosos", tão comuns na Antiguidade, Hanslick coloca a hipótese de que nos seus primórdios a humanidade estaria mais exposta ao *elementar* da música do que os povos de sua época; logo, a música manifestaria um efeito muito mais imediato sobre os primeiros. Assim, ele contrapõe a música de sua época e a música da Antiguidade: em lugar das "Formas ricas, plenas de espírito", que caracterizam a primeira, a música da Antiguidade, na opinião de Hanslick, caracterizar-se-ia pela predominância de um efeito meramente sensível dos sons. O autor chega mesmo a afirmar que "na Antiguidade clássica não existia uma música na acepção moderna, artística", e que tampouco poder-se-ia chamar-lhe propriamente "*arte* no nosso sentido" (Hanslick, 1973, p.76; 1994, p.80).

---

4 Como vimos, para Hanslick os efeitos físicos da música encontram-se em relação com o sistema nervoso, de modo que a influência moral dos sons aumenta quanto mais inculto é o espírito. Por exemplo, a mais forte influência da música se dá entre os selvagens. Quanto à influência da música sobre os animais (presente, por exemplo, nos textos de Chabanon), Hanslick ironicamente pergunta: "É realmente honroso ser entusiasta da música em semelhante companhia?".

142 MÁRIO VIDEIRA

Dessa forma, o efeito mais intenso da música na Antiguidade é explicado pelo autor com base em três argumentos:

a) Primeiramente, pelo aspecto técnico:[5]

> A falta de harmonia, a restrição da melodia aos mais estreitos limites da expressão recitativa e, por fim, a incapacidade, própria do antigo sistema sonoro, de se desenvolver até conseguir uma verdadeira abundância de formas [*Gestalt*] impossibilitavam uma absoluta importância da música como arte sonora no sentido estético; quase nunca se utilizava autonomamente, mas sempre em combinação com a poesia, a dança e a mímica, por conseguinte, como complemento das demais artes. A música tinha apenas a vocação de vivificar por meio da pulsação rítmica e da diversidade dos timbres, por fim, de comentar palavras e sentimentos como intensificação da declamação recitativa. Por isso, atuava simplesmente segundo seu lado *sensível* e *simbólico*. (ibidem)

b) Em seguida, pelas supostas diferenças entre os ouvintes modernos e os da Antiguidade: Hanslick supõe que os antigos possuíam uma receptividade muito maior, com uma audição capaz de perceber diferenças de intervalo infinitamente mais sutis que a dos ouvintes modernos. Além disso, o efeito da música seria mais intenso nos antigos se os compararmos aos ouvintes modernos que cultivam "perante a criação artística da arte sonora um deleite contemplativo que paralisa a influência elementar da música" (Hanslick, 1973, p.77; 1994, p.81).

c) E, finalmente, pelo simbolismo dos modos antigos: para Hanslick, o efeito específico dos *modos* dos antigos justificar-se-ia pela

---

5 Embora esse trecho ocupe lugar de pouca relevância para a argumentação geral do ensaio, deve-se ressaltar sua importância para a compreensão das posições estéticas defendidas por Hanslick e a sua divergência com a estética wagneriana. Há que notar uma concepção e uma valoração absolutamente distintas a propósito da música da Antiguidade entre Wagner (1990) e Hanslick. Para este último, a principal crítica é justamente o motivo de maior louvor do primeiro, a saber, a combinação da música com as demais artes, que para Wagner era justamente a maior força do drama grego, que seria preciso recuperar a todo custo, e que para Hanslick é indício da utilização da música de uma maneira não autônoma, como mero complemento das demais artes.

O ROMANTISMO E O BELO MUSICAL **143**

divisão estrita com que cada modo era escolhido para determinado fim, e como era conservado sem misturas. Além disso, a união dos poemas com os modos adequados produziria uma tendência para reproduzir o sentimento correspondente ao modo.

Assim, a principal crítica que o autor dirige à música antiga deve-se ao fato de que, na sua opinião, "a música era apenas a acompanhante indispensável e submissa de todas as artes, meio para todos os fins pedagógicos, políticos e outros, era tudo, exceto uma arte autônoma" (ibidem).[6]

Após o exame da recepção "patológica" da música, Hanslick passa, então, a tratar daquela que seria a seu ver a recepção propriamente "estética" da música: aquela relacionada com a "contemplação pura".

À recepção patológica ele contrapõe a *contemplação pura e consciente* de uma obra musical. No seu entender, "essa [forma] contemplativa é a única forma de audição artística, verdadeira" (Hanslick, 1973, p.77; 1994, p.82).

A *recepção estética* da música, a pura contemplação, consistiria em seguir o espírito criador, as relações que esse cria entre os elementos, numa fruição desapaixonada, desprovida de afetos, mas que se dirige para o interior. Trata-se da "sublime indiferença do belo" mencionada por Schelling (1963, p.52).

Hanslick (1973, p.78; 1994, p.83) aponta a "satisfação espiritual" que o ouvinte encontra no seguimento ou na antecipação contínua das intenções do compositor como o fator mais importante no processo anímico que acompanha a apreensão de uma obra musical e a transforma em fruição. Em suas palavras, "sem fruição espiritual não há absolutamente nenhuma fruição estética".

Poder-se-ia dizer, portanto, que a música é *a mais espiritual* das artes, uma vez que exige do seu ouvinte, para que haja propriamen-

---

6 Cabe lembrar ainda que essa exigência de que a música seja uma arte autônoma e independente das demais artes tem sua origem no romantismo (cf. textos de Tieck, Wackenroder, Hoffmann).

144 MÁRIO VIDEIRA

te uma fruição estética, uma atividade espiritual ininterrupta, se a compararmos com as demais artes.

De fato, uma vez que as obras musicais – diferentemente das demais artes – não se apresentam de uma só vez, mas se desdobram de modo sucessivo, essas exigem do ouvinte "um *acompanhamento* incansável na mais intensa atenção". Hanslick (1973, p.78-9; 1994, p.83) acrescenta ainda que, em composições mais complicadas, tal acompanhamento pode elevar-se a um "trabalho espiritual" [*geistigen Arbeit*] .

Segundo Hanslick, esse elemento espiritual difere, em graus diversos, de nação a nação (os italianos seriam um povo com maior propensão para o elemento melódico, ao passo que os nórdicos, para o elemento contrapontístico) e de indivíduo a indivíduo (indivíduos mais sentimentais contrapostos a indivíduos mais racionais ou, para empregar a terminologia de Hanslick, mais espirituais).

Além disso, o ouvinte leigo, ou seja, o que não possui formação para a apreensão artística do belo musical, seria aquele que mais "sente" ao ouvir música, o que não acontece (ou não deveria acontecer) com o artista instruído.

Hanslick (1973, p.80-1; 1994, p.84-5) afirma que a Estética (ou, mais especificamente, a sua parte que trata do belo artístico)

> [...] tem que considerar a música exclusivamente pelo seu lado *artístico*, por conseguinte, tem que reconhecer somente os efeitos que ela, enquanto produto do espírito humano, suscita na contemplação pura, mediante uma configuração determinada daqueles fatores elementares.[7]

Assim, a exigência mais necessária de uma recepção *estética* da música é que se ouça uma peça musical *"por si mesma"*. Tão logo uma determinada peça musical seja usada apenas como *meio* para suscitar disposições de ânimo, essa deixa de atuar como *arte*.

---

7 Hanslick refere-se aqui ao que ele havia chamado de o *elementar* da música, ou seja, ao *som*.

Não se deve, portanto, confundir *beleza artística* com o *elementar* da música, com o efeito sensível de seu material. O efeito dos sons sobre o sentimento é algo totalmente diverso da contemplação da arte sonora, e a crítica musical deve distinguir entre: a) *efeito artístico* (espiritual, tem que ver com o *belo*) e b) *efeito elementar* (sensível, tem que ver com o som).[8]

Para Hanslick, o que importa é a configuração artística da música, de modo que, a seu ver, para o estabelecimento da estética musical como ciência, não se deve pressupor a seu respeito nenhum conceito que não seja *estético*.

---

8 Hanslick dirige aqui uma crítica aos românticos que, com pretensão de falar da música, referem-se apenas à influência obscura que ela exerce sobre o seu ânimo (cf., por exemplo, a *Correspondência de Goethe com uma criança*, de Bettine von Arnim, in Iriarte, 1987, p.131-48).

7
ANÁLISE DO CAPÍTULO 6 – AS RELAÇÕES DA MÚSICA COM A NATUREZA

Hanslick afirma a importância da consideração da natureza para a pesquisa moderna: até as mais abstratas gravitam em torno do método das ciências naturais. Assim, propõe ele, também a estética deve conhecer as raízes que ligam cada arte particular ao fundamento natural.

Ao fazer a crítica daqueles que o precederam, Hanslick afirma que esses, ao tratar das relações entre música e natureza, costumavam considerá-las apenas do ponto de vista *físico* (monocórdio, ondas sonoras etc.). No entanto, diz ele, a relação entre música e natureza tem as mais importantes consequências para a estética musical. Para demonstrá-las, ele parte inicialmente do exame da relação das demais artes com a natureza. Essas têm, a seu ver, uma relação *dupla* com a natureza: primeiramente, porque dela retiram o *material* bruto e corpóreo a partir do qual criam; em segundo lugar, porque nela encontram o *conteúdo* que tratam de modo artístico.

Ao examinar o que a natureza fez em prol da música, Hanslick constata que essa proporciona apenas o *material bruto*, ou seja, o metal, a madeira, a pele dos animais, *para a produção da matéria* [*Stoff*] a partir da qual se produz a música, ou seja, o *som*. Em outras palavras, a natureza fornece ao músico "somente o material para o material: este último é o *som puro* [...], isto é, o som mensurável" (Hanslick , 1973, p.84; 1994, p.88).

148 MÁRIO VIDEIRA

O som, que é material e condição para a música, é configurado pelo compositor em melodia e harmonia. No entanto, nenhum desses dois elementos (seja a melodia, seja a harmonia) é encontrado na natureza: ambos são *criações do espírito humano*. Similarmente a Morellet, Boyé e Chabanon, Hanslick explica que a melodia, tal como a entendemos no sentido musical, *não é* encontrada na natureza, uma vez que os fenômenos sonoros naturais não são redutíveis à escala tonal, carecendo, portanto, de proporção compreensível.

Tampouco a harmonia, compreendida como consonância de sons determinados, pode ser encontrada na natureza. Hanslick (1973, p.85; 1994, p.88) nota que não há acordes perfeitos, acordes de 6ª. ou de 7ª. na natureza.[1] Assim, ele considera que "tal como a melodia, também a harmonia [...] foi um produto do espírito humano", e que a criação sonora propriamente dita só nasceu (verdadeiramente) a partir do advento da harmonia.

Somente o *ritmo* existe na natureza: "muitas, embora não todas as manifestações sonoras da natureza são rítmicas" (ibidem). Contudo, há ainda uma diferença entre o ritmo na natureza e o ritmo na música: "na música não existe um ritmo isolado como tal, mas somente melodia ou harmonia que se exterioriza ritmicamente" (Hanslick, 1973, p.85; 1994, p.89).

O autor chega, então, à conclusão de que o homem não aprendeu a fazer música com a natureza que o rodeia. Melodia, harmonia, relações intervalares, escalas, modos maior e menor, temperamento: todos esses elementos são "criações originadas lenta e paulatinamente do espírito humano" (Hanslick, 1973, p.86; 1994, p.90). Também o sistema tonal, diferentemente do que acreditam alguns teóricos, não é natural, mas sim resultado de um processo cultural.

A língua, tal como a música, é um produto artificial, no sentido de que "ambas não se encontram pré-formadas na natureza externa,

---

1 Esta concepção de harmonia aproxima-se bastante da de Rousseau, afastando-se, contudo, da de Rameau.

O ROMANTISMO E O BELO MUSICAL **149**

mas tiveram que ser inventadas e aprendidas" (Hanslick, 1973, p.87; 1994, p.90). Nesse sentido, o autor aponta sua concordância com Grimm, quando esse assinala a fonte da linguagem, da poesia e da música como sendo "a livre invenção dos homens".

Por ser produto do espírito humano, o autor entrevê a possibilidade de futuros desenvolvimentos no sistema tonal que, segundo ele, experimentará, no decurso do tempo, novos enriquecimentos e transformações.

As manifestações de ruído e som que se encontram na natureza não são ainda *música*, no entender de Hanslick. Para ele, essa pressupõe um som mensurável, uma certa organização levada a cabo pela atividade do espírito humano. Mesmo o canto das aves não tem nenhuma relação com a música humana, uma vez que é impossível reduzi-lo à nossa escala.

Segundo Hanslick (1973, p.89; 1994, p.92), a transição entre natureza e arte sonora faz-se por meio da matemática, compreendida não como ordenação de sons mediante cálculos empregados intencionalmente, mas "mediante a aplicação inconsciente de representações originárias de grandeza e relação, por meio de um medir e contar oculto, cuja conformidade a leis [*Gesetzmäßigkeit*] e ciência só mais tarde se constatou".

Como se vê, "a natureza não fornece o material artístico de um sistema tonal pronto [...] mas apenas a matéria bruta dos corpos que pomos a serviço da música" (Hanslick, 1973, p.89; 1994, p.92-3). Ou seja, a natureza fornece apenas as matérias-primas com as quais construímos os instrumentos que irão produzir o som, esse sim, a matéria com a qual se configura a música. Por isso é que Hanslick considera que a natureza somente fornece o "material para o material" da música.

Cabe notar que o autor trabalha com três diferentes conceitos de "material" na música: a) primeiramente temos como exemplo a madeira e o metal, que são o "material" para a construção dos instrumentos, os quais, por sua vez, irão produzir o *som*; b) em segundo lugar, temos o *som mensurável*, propriamente dito, que é o "material" da música; c) o terceiro sentido com que se pode empregar a

150 MÁRIO VIDEIRA

palavra "material" é no sentido do objeto [*Gegenstand*] tratado, da Ideia representada, do sujeito [*Sujet*].[2]

Empregando a noção de Material nesse terceiro sentido, ou seja, no sentido de um tema, poder-se-ia dizer que as artes como a poesia, a pintura ou a escultura têm uma fonte inesgotável na natureza. Nesse caso, o belo natural é um estímulo para a produção do artista.

Além disso, Hanslick afirma que o artista plástico não pode pintar ou esculpir algo que não tenha sido primeiramente visto ou observado: árvore, flor ou figura humana já se encontram formados na natureza. Também a arte poética encontra seus modelos na natureza, uma vez que o material para o poema, a tragédia e o romance nada mais é que o homem e suas ações, sentimentos, destinos:

> O poeta não pode descrever nenhum nascer do sol, nenhum campo de neve, nenhum estado sentimental [...] se ele não viu e estudou os modelos na natureza, ou se graças a tradições corretas, os tenha vivificado em sua fantasia, a ponto [desta] substituir a contemplação imediata. (Hanslick, 1973, p.90-1; 1994, p.94)

Comparada a essas artes, entretanto, a música não tem em parte alguma um modelo ou um material para suas obras: "Não há nenhum belo natural para a música" (Hanslick, 1973, p.91; 1994, p.94). Nesse sentido, a única arte que se poderia comparar à música seria a *arquitetura*, que também não encontra nenhum modelo na natureza.

Enquanto a criação do pintor, do escultor e do poeta pode ser entendida como um contínuo copiar, uma reprodução de formas, constata-se que tal possibilidade não existe para a música. Pelo contrário, Hanslick afirma que em sua atividade artística, o compositor deve *criar* tudo novo: ele elabora suas criações mediante a concentração do seu íntimo [*Inneren*], de um "cantar interior"; em outras palavras, o compositor cria a partir de si mesmo aquilo que não tem par na natureza. É nisso que a arte dos sons difere das demais artes, e é justamente por isso que Hanslick (1973, p.92; 1994, p.95) considera que a música "não é desse mundo".

---

2 O termo sujeito [*Sujet*] é aqui empregado por Hanslick no sentido de um tema que é representado numa obra artística.

O ROMANTISMO E O BELO MUSICAL **151**

Mesmo quando o compositor escreve uma peça a partir de um "tema" [*Stoff*][3] (por exemplo, a abertura *Egmont*, de Beethoven), esse se constitui, para o compositor, num mero *estímulo* poético para a sua criação, e não no *conteúdo* da peça escrita. Segundo Hanslick (1973, p.93; 1994, p.95), "a figura, os feitos, as vivências [...] de Egmont não constituem o *conteúdo* da abertura de Beethoven", tal como acontece no drama ou no quadro homônimos. Pelo contrário, "o *conteúdo* da abertura são as *sequências sonoras* que o compositor criou de modo inteiramente livre a partir de seu íntimo e segundo as leis do pensamento musical" (grifos nossos).

Para Hanslick (1973, p.93; 1994, p.96), a música é uma arte autônoma, independente. Somente mediante a designação explícita do compositor, por meio de um *título* determinado é que somos *forçados* a comparar a peça musical a um objeto que lhe é extrínseco. No entanto, a exigência primordial é que a peça realize integralmente o seu *conteúdo musical*. O tema poético – quando há algo de tal natureza – segue exigências diversas. Da mesma forma, também as imitações de pássaros (cuco, rouxinol) e coisas similares, para Hanslick, não têm nenhum significado *musical*, mas sim *poético*.

---

3 Optamos por grafar com inicial minúscula a palavra "tema" [*Stoff*] (no sentido de um "assunto", ou uma "história" que constitui um estímulo poético para o compositor), para diferenciá-la do termo técnico musical "Tema" [*Thema*], que é definido por Schoenberg (1996, p.48 e ss.), como "uma ideia musical completa [...] geralmente articulada sob a forma de período ou de sentença". Segundo ele, essas estruturas centram-se ao redor de uma tônica e possuem um final bem definido. "Nos casos mais simples, estas estruturas consistem em um número par de compassos, geralmente oito ou um múltiplo de oito [...]. Em seu segmento de abertura, um tema deve claramente apresentar (além da tonalidade, tempo e compasso) seu motivo básico. A continuação deve responder aos requisitos da compreensibilidade: uma repetição imediata é a solução mais simples e mais característica da estrutura da sentença".

8
ANÁLISE DO CAPÍTULO 7 –
OS CONCEITOS DE FORMA E CONTEÚDO

No último capítulo de seu ensaio, Hanslick retoma as ideias trabalhadas nos capítulos anteriores. A ideia central aqui, e que parece ser a principal tese por ele defendida, é que a música, apesar de não possuir um conteúdo externo [*Inhalt*], possui um Conteúdo espiritual [*Gehalt*].

Inicialmente, Hanslick retoma a questão do conteúdo e nota que, por um lado, os defensores da *ausência de conteúdo na música* são, em sua maioria, filósofos (tais como Rousseau, Kant, Hegel, Vischer, Kahlert). Por outro lado, entre aqueles que defendem que a música *possui* um conteúdo estão os próprios músicos, além de ser a opinião geral da maioria.

Ele considera estranho que justamente aqueles que estão mais familiarizados com as determinações técnicas da música não consigam libertar-se dessa opinião errônea (o que antes se poderia perdoar aos filósofos abstratos).

A causa disso é que os músicos combatem a doutrina da falta de conteúdo na música não como uma opinião face a outra opinião, mas como uma heresia face a um dogma. Aos músicos, a defesa da ausência de conteúdo na música parece um materialismo grosseiro e insolente: seria preciso defender a pretensa honra da música contra a acusação de ser um mero joguete dos sentidos ou um zumbido vazio.

154 MÁRIO VIDEIRA

Para chegar ao conhecimento da verdade no que concerne a essa questão, Hanslick, no entanto, afirma ser necessária a máxima clareza no emprego dos conceitos. Para ele, a causa de todos esses mal-entendidos seria a confusão dos conceitos de conteúdo [*Inhalt*], objeto [*Gegenstand*] e tema/assunto [*Stoff*].

Para Hanslick (1973, p.96; 1994, p.100), "conteúdo [*Inhalt*], no sentido originário e genuíno, é o que uma coisa contém, o que conserva em si. Nesta acepção, os *sons*, dos quais consiste uma peça musical [...] são o seu conteúdo".

O autor chama a atenção para a confusão frequente entre os conceitos de "conteúdo" [*Inhalt*] e "objeto" [*Gegenstand*]: à pergunta sobre o conteúdo da música, tem-se em mente a representação do objeto (tema, sujeito). Entretanto, a arte dos sons não possui um conteúdo nessa acepção, um tema [*Stoff*], no sentido de um "objeto tratado": se a música possuísse de fato um "conteúdo" (objeto), esse deveria necessariamente poder ser explicado, elucidado por meio de palavras. Hanslick concorda com Kahlert, quando esse afirma que, de fato, não se pode fornecer uma descrição da música por meio de palavras, como se faz com um quadro.[1] Para Hanslick, "a música consiste em sequências de sons, formas sonoras, as quais não possuem nenhum outro conteúdo além de si mesmas" (ibidem). Nesse sentido, poder-se-ia comparar a música a outras artes como a arquitetura ou a dança que, do mesmo modo, apresentam belas relações[2] sem um conteúdo determinado: o conteúdo de uma peça musical não é nada além de precisamente as formas sonoras ouvidas, "pois a música não fala somente *através* de sons, ela fala *somente* sons" (ibidem). A beleza musical é, segundo ele, puramente formal.

---

1 Deve-se ter em mente que, aqui, Hanslick refere-se às pinturas figurativas de sua época, as quais, de fato, permitem uma descrição do objeto tratado por meio de palavras: uma paisagem, uma personagem histórica etc.

2 Cf. Nota de J. Guinsburg no *Tratado sobre o Belo* de Diderot: "[Diderot] chega a uma formulação própria, ao considerar [...] que a percepção das relações e da unidade entre as partes e o todo determinam o *belo*, concepção em que os ecos de Santo Agostinho se misturam aos prenúncios de Kant". (in Diderot, 2000, p.232)

A música simplesmente *não pode representar nenhum conteúdo determinado*. Se um pintor ou escultor pode retratar a história de Orestes, por meio das expressões e dos gestos das figuras, assim como a perseguição desse pelas deusas da vingança, nada disso é possível ao músico. A esse quadro visível o músico somente pode opor "acordes de sétima diminuta, temas em modo menor" (Hanslick, 1973, p.98; 1994, p.102) e coisas do gênero, ou seja, *formas musicais*, que "poderiam significar tão bem uma mulher, ao invés de um jovem [...] alguém ciumento, pensando em vingança, atormentado pela dor corporal, em suma, tudo o que possa ser imaginado, se se desejar que a peça musical signifique algo" (ibidem).

É por isso que, como se demonstrou nos capítulos anteriores, "ao falar do conteúdo e da capacidade de representação da arte musical, só se pode partir da música instrumental pura" (ibidem).

Numa ópera, por exemplo, a *Iphigenia* de Gluck, o personagem Orestes é apresentado não pela música em si, mas pelo conjunto formado pelo texto do poeta, a figura e a mímica do ator, o figurino e as decorações do pintor. O canto, "que é talvez a coisa mais bela", é justamente o que nada tem a ver com o verdadeiro Orestes.

Lessing, ao tratar dos limites entre a pintura e a poesia em seu *Laocoonte*, nota que o poeta representa o Laocoonte histórico, por meio da linguagem, enquanto o pintor ou o escultor representam um conteúdo menos determinado: um ancião com dois rapazes, envolvidos por uma serpente, com expressão e gestos que exprimem a tortura da morte iminente. A essas considerações, Hanslick acrescenta as suas: para ele, a música nada pode fazer pela história de Laocoonte.[3]

---

3 Cf. Werle (2000, p.40-1): "Lessing toma a escultura do Laocoonte para fazer suas reflexões sobre a poesia e a pintura, distinguindo ambas a partir de seus modos de expressão: a pintura, representando as artes figurativas, não seria igual à poesia, pois afirma-se no espaço, e não admite os exageros, manifestações de exaltada alegria e sofrimento e isso simplesmente porque não dispõe dos meios (exclusivos da poesia) para tanto. Só a poesia, dando-se na ordem temporal, pode expressar estes sentimentos. Por essa distinção, Lessing desejava [...] combater a literatura idílica, que somente descreve as coisas, e mostrar que a literatura, a poesia, tem um domínio próprio, que é o da ação, segundo o princípio do tempo.

No entender de Hanslick (1973, p.99; 1994, p.102), a música é uma arte incorpórea [körperlos] no sentido genuíno, pois lhe falta um belo natural como modelo: "o músico não encontra, para a sua arte, o modelo que garante às outras artes a determinação e a cognoscibilidade de seu conteúdo".

Como não possui nenhum "belo natural" que lhe possa servir de modelo, o músico "não repete nenhum objeto já conhecido e nomeado, portanto, não tem um conteúdo denominável para o nosso pensar, ajustado a conceitos definidos" (ibidem).

Na música, os conceitos de conteúdo [Inhalt] e Forma [Form] são complementares e condicionam-se mutuamente, ou seja, o conceito de conteúdo requer um conceito de Forma.

A música possui, entretanto, uma peculiaridade que não ocorre nas outras artes, como na poesia e nas artes plásticas. Tal peculiaridade consiste no fato de que "na arte sonora, Forma e conteúdo são inseparáveis". Escreve Hanslick (1973, p.99; 1994, p.103): "na música, vemos conteúdo e forma, tema e configuração [Stoff und Gestaltung], a imagem e a ideia confundidos numa unidade obscura e indivisível".

Contrariamente, na poesia e nas artes plásticas, um mesmo pensamento ou um mesmo acontecimento pode ser representado de diversas formas. Assim, uma mesma história, como a de Guilherme Tell, por exemplo, pode ser apresentada como um romance histórico, um drama ou uma epopeia: o conteúdo é sempre o mesmo, "suscetível de exposição em prosa, de ser narrável e reconhecido; a Forma é diferente [...] Na arte dos sons não existe nenhum conteúdo face

---

A poesia progride no tempo, enquanto a pintura expõe simultaneamente os objetos no espaço [...], a poesia recorre aos sons articulados no tempo e a pintura às figuras e cores no espaço. Os corpos são objetos da pintura, as ações o são da poesia; a pintura pode imitar ações, porém, só de maneira alusiva, assim como a poesia só pode descrever corpos a partir do ritmo da ação. [...] Em suma, pode-se dizer que o Laocoonte permite esclarecer duas coisas: 1. a arte deve possuir limites e fundamentos; deve-se marcar o que nela importa e o que lhe é intrínseco, no que toca ao seu procedimento conveniente; 2. é preciso especificar o que é particular, característico às diferentes artes". (Nesse segundo sentido, Hanslick aproxima-se bastante de Lessing).

à forma, pois ela [a arte dos sons] não possui Forma fora do conteúdo" (ibidem).

Assim, o conteúdo de uma sinfonia, por exemplo, é ela mesma; e não uma história, ou um sentimento que a ela se atribui arbitrariamente, a partir de fora.

O Tema [*Thema*] (cf. Schoenberg, 1996, Parte I) é, para Hanslick, a unidade de pensamento musical autônoma e esteticamente indivisível em qualquer composição (ibidem). Segundo ele, o Tema é uma espécie de "microcosmo musical", no qual as determinações primitivas que se atribuem à música como tal devem ser detectadas. Um Tema é algo de especificamente musical: não se refere a nada externo a si mesmo e os desenvolvimentos ulteriores dão-se a partir de suas possibilidades intrínsecas.

Não se deve confundir os conceitos de Forma e conteúdo, tal como explicitados antes, com o sentido em que são usualmente empregados no vocabulário técnico-musical. Quando os músicos falam de Forma e conteúdo a propósito de uma composição de maior extensão, por exemplo, esses conceitos estão sendo empregados com um significado especificamente *musical*, e não "no seu sentido lógico original". Assim, Hanslick (1973, p.100-1; 1994, p.104) escreve:

> Chama-se "Forma" de uma sinfonia, de uma abertura, de uma sonata, à "arquitetura" da peça, ou seja, à simetria de suas partes constituintes em sua sucessão, contraste, repetição e desenvolvimento. Por "conteúdo" entendem-se então os Temas [*Themen*] elaborados para tal arquitetura. Aqui, pois, já não se trata mais de um conteúdo no sentido de um "objeto" [*Gegenstand*], mas simplesmente de um [conteúdo] musical.

Assim, é necessário compreender que, nessa acepção, os termos "conteúdo" e "Forma" são empregados num sentido artístico, e não no sentido puramente lógico. Portanto, de acordo com Hanslick, se quisermos empregar esses termos ao conceito da música no sentido lógico aqui mencionado, não podemos operar numa obra de arte completa, mas sim no seu cerne derradeiro, esteticamente indivisível, a saber, o *Tema* ou os *Temas*:

Nestes, em nenhum sentido se podem separar Forma e conteúdo. Quando a alguém se quer expor o "conteúdo" de um motivo, é preciso *tocar* para ele o *próprio motivo*. Portanto, o conteúdo de uma obra musical nunca pode apreender-se objetivamente, mas somente de modo musical, a saber, como o que ressoa concretamente em cada peça musical. (Hanslick, 1973, p.101; 1994, p.104)

A composição segue leis de beleza formais, portanto, não se improvisa num divagar arbitrário e sem plano. Hanslick (1973, p.101; 1994, p.105) compara a composição ao desenvolvimento orgânico das flores a partir de um só botão. Tal "botão" é o Tema principal: "[...] o verdadeiro material e conteúdo da composição musical inteira. Tudo nela [na composição] é consequência e efeito do Tema, [é] por este condicionado e configurado, por ele governado e levado a efeito".[4]

---

4 Essa valorização do aspecto "orgânico", como mostra Lewis Rowell (1987, p.120-1), tem suas origens em Goethe: "O organicismo sustenta que as obras de arte são análogas às coisas vivas na medida em que apresentam os mesmos processos naturais e se desenvolvem conforme aos mesmos princípios naturais. Goethe identificou semelhante conjunto de *Urphänomene* em seus estudos sobre a morfologia das plantas [...]. Seus fenômenos, com os quais ele descreveu o crescimento do que erroneamente pensou que fosse a *Urpflanz* (a planta arquetípica), eram estes: semente, intensificação, polaridade, metamorfose e o momento supremo do pleno florescimento. [...]". Ressonâncias dessa concepção podem ser encontradas no texto *O caminho para a música nova*, de A. Webern (1984, p.97): "Os compositores tentaram criar unidade no acompanhamento, trabalhar tematicamente, deduzir tudo a um só pensamento e assim produzir a mais estreita – a máxima – coerência. [...] Isso tudo está muito próximo da concepção que Goethe tinha das leis da natureza e do sentido que existe em todos os eventos naturais e que se manifesta através deles. Na 'Metamorfose da Planta' encontra-se claramente expressa a concepção segundo a qual toda criação deve ter semelhança com a natureza, pois é aí que ela se manifesta sob a forma particular da natureza humana. Eis o pensamento de Goethe. E o que essa visão põe em evidência? Que tudo é o mesmo: raiz, caule, flor". De acordo com nota do tradutor (ibidem, p.102), o texto *Metamorphose der Pflanze*, citado por Webern, figura inicialmente na *Tentativa para explicar a metamorfose das plantas* (1789-1790) e depois nos *Cadernos de morfologia* (1817-1824).

O ROMANTISMO E O BELO MUSICAL **159**

O Tema principal de uma peça necessita ser discutido e desenvolvido, e tal desenvolvimento musical é comparado por Hanslick a um *desenvolvimento lógico*.

É nesse sentido, portanto, que ele considera o "livre preludiar" como algo sem conteúdo, uma vez que o executante "se entrega apenas a acordes, arpejos e progressões, sem deixar surgir especificamente uma figura autônoma". Hanslick prossegue: "[...] poderíamos até dizer que estes não possuem (num sentido mais amplo) nenhum conteúdo, pois não possuem nenhum tema" (ibidem). O conteúdo essencial de uma peça musical é o seu *Tema*, tomado como essa unidade "mínima", indivisível, a partir da qual se elaboram todos os desenvolvimentos ulteriores.

O autor constata que a estética e a crítica de seu tempo não atribuem a importância devida ao Tema principal de uma composição[5] e afirma que "o Tema sozinho já manifesta o espírito [*Geist*] que criou a obra inteira" (Hanslick, 1973, p.102; 1994, p.105), sendo possível até mesmo inferir a qualidade de uma composição somente a partir do tema, mesmo sem conhecer o seu desenvolvimento ulterior.

Hanslick acredita que seja possível, a partir do Tema de uma composição, efetuar a distinção entre um bom compositor e um compositor medíocre, e defende a opinião de que aquilo que não se fundamenta no Tema (seja de modo manifesto ou oculto), não pode, mais tarde, desenvolver-se organicamente.

Retomando a discussão inicial, ele afirma que, do fato de a música não possuir nenhum conteúdo (objeto) não se segue que a ela falte um Conteúdo [*Gehalt*]. É justamente isso que os opositores de Hanslick não compreenderam.

Os defensores do "conteúdo" na música na verdade têm em mente o "Conteúdo espiritual" [*geistigen Gehalt*]. Entretanto, Hanslick (1973, p.102; 1994, p.106) escreve que se, tal como Goethe, se entender o conceito de Conteúdo [*Gehalt*] como "algo de místico para

---

5 Note-se que o principal, para Hanslick, é algo objetivo: o valor está na própria obra, e não no sujeito.

além e acima do objeto e do conteúdo de uma coisa", como "o substrato espiritual em geral", tal Conteúdo "sempre será concedido à arte sonora e deverá admirar-se nas suas mais altas criações como poderosa revelação".

O autor critica aqueles que imaginam a atividade de composição musical como "a tradução em sons de um tema pensado". Para ele, os sons são, eles próprios, uma linguagem originária intraduzível: "Uma vez que o compositor é forçado a pensar em sons, depreende-se já a falta de conteúdo da música, pois qualquer conteúdo conceitual deveria poder pensar-se em palavras" (Hanslick, 1973, p.103; 1994, p.106).

Assim, a música – pura, instrumental – não possui conteúdo conceitual, tal como ocorre em outras artes, tais como a poesia e as artes plásticas figurativas, mas sim, um conteúdo puramente *musical* e autorreferente:

> Com a exigência do Conteúdo espiritual, deve-se ainda ressaltar expressamente uma segunda consequência. A beleza formal sem objeto da música não impede que se possa imprimir *individualidade* às suas criações. [...] As ideias musicais autônomas (temas) têm a segurança de uma citação e a plasticidade de um quadro; são individuais, pessoais, eternas. (Hanslick, 1973, p.103; 1994, p.106-7)

Se, por conseguinte, escreve Hanslick (1973, p.103-4; 1994, p.107),

> [...] já não podemos compartilhar da concepção de Hegel acerca da falta de Conteúdo [*Gehaltlosigkeit*] da arte sonora, mais errôneo nos parece ainda que ele atribua a esta arte apenas a expressão da interioridade privada de individualidade [*individualitätslosen Innern*]. Mesmo do ponto de vista musical de Hegel, que negligencia a atividade essencialmente formadora e objetiva do compositor, concebendo a música somente como livre exteriorização da subjetividade [*Entäußerung der Subjektivität*], não se deduz a "ausência de individualidade" [*Individualitätslosigkeit*] da música, já que o espírito que produz subjetivamente aparece essencialmente individual [*wesentlich individuell erscheint*].

Para Hanslick, a individualidade exprime-se na escolha e na elaboração dos distintos elementos musicais por parte do compositor, de modo que contrariamente à censura da falta de conteúdo [*Inhaltlosigkeit*], ele considera que a música é "sem conteúdo" [*Inhaltlos*] apenas no sentido em que não possui um objeto externo, mas possui um conteúdo musical "em nada inferior ao belo de qualquer outra arte" (Hanslick, 1973, p.104; 1994, p.107). Contudo, ele considera que somente negando inexoravelmente qualquer outro "conteúdo" [*Inhalt*] – ou seja, qualquer objeto externo a ela mesma e às suas determinações puramente musicais – é que se salva o seu Conteúdo [*Gehalt*]:

> Com efeito, dos sentimentos indeterminados a que se reduz, no melhor dos casos, aquele conteúdo, não se pode inferir o seu significado espiritual, mas sim, a partir da configuração sonora determinada como criação livre do espírito [a partir] de material sem conceito e apto ao espírito. Este Conteúdo espiritual [*geistige Gehalt*], no ânimo do ouvinte, liga também o belo da arte sonora com todas as outras grandes e belas Ideias. (ibidem)

O ensaio conclui com algumas considerações de cunho marcadamente romântico, ao afirmar, por exemplo, que a música age como "cópia sonora dos grandes movimentos do universo" e que "por meio de relações naturais profundas e misteriosas, intensifica-se o significado dos sons muito além dele mesmo e permite-nos sempre sentir ao mesmo tempo o infinito [*das Unendlichen*] na obra do talento humano".

PARTE III

CONSIDERAÇÕES FINAIS

Todo fenômeno sonoro pode, pois, ser visto (assim como as palavras da linguagem) ou pela sua significação relativa, ou por sua substância própria. Enquanto predomine a significação, e na medida em que se opere sobre esta, há literatura, não música.

Pierre Schaeffer

O estabelecimento de um caráter *científico* para as pesquisas no âmbito da Estética musical e a afirmação da *autonomia* da obra de arte musical podem ser considerados os principais objetivos do ensaio *Do belo musical*. Para tanto, Hanslick empreende uma crítica severa à concepção que considerava a música a partir do ponto de vista do efeito, ou seja, a partir dos "sentimentos que desperta no homem, do processo psíquico que desencadeia nele" (cf. Szondi, 1992, p.161). Na realidade, suas críticas atingem um leque muito mais amplo que vai desde a concepção de música como imitação da natureza, passando pela representação e expressão de sentimentos por meio da música pelo problema da relação entre música e linguagem, até o problema da ópera e da *obra de arte total* wagneriana. Mais do que somente provar a insuficiência das concepções que estabeleciam os sentimentos como conteúdo da música, Hanslick busca "fornecer as ferramentas" para a reconstrução desse belo musical esteticamente autônomo. Contra as acusações de que a música seria apenas um prazer dos sentidos, "mais fruição do que cultura", Hanslick procurará consolidá-la como produto da Razão, como um "trabalho do espírito em material apto ao espírito".

Como vimos, nas diversas polêmicas do século XVIII eram frequentes as acusações que se dirigiam à arte musical: essa, em virtude

166 MÁRIO VIDEIRA

do seu assemantismo, era vista ou como um mero prazer dos sentidos, um "ruído agradável", porém vazio, ou como mera serva da poesia, cuja única função seria aumentar o interesse na ópera. Contra tais concepções opunham-se teorias que procuravam outorgar à arte musical um certo estatuto de racionalidade. Os escritos do compositor e teórico J.-P. Rameau, que buscavam justificar a música (incluindo a instrumental) por meio dos seus fundamentos harmônicos e matemáticos (e, portanto, racionais), são um bom exemplo disso.

A partir de Kant e no pós-kantismo, entretanto, ocorre uma transformação na noção de razão: se no século XVIII ela é uma razão que está fora, nas regras, depois de Kant concebe-se a razão como algo subjetivo, ou seja, que está no sujeito. A distinção fundamental é que a razão do início do século XVIII se realiza na imposição de limites, enquanto a razão pós-kantiana se realiza na ausência de limites: abre-se, então, o espaço para associar música (concebida como interioridade, como ausência de limites) e razão. Agora, a razão não está mais nas regras matemáticas, tal como Rameau procurou estabelecer, mas está nela mesma, como pura atividade. É necessário notar, portanto, que em sua tentativa de conferir um estatuto de racionalidade à música, Hanslick está lidando com um conceito de razão muito diferente daquele do século XVIII francês, e muito mais próximo da ausência de limites e da infinitude presentes na concepção romântica.

O pensamento estético kantiano é de fundamental importância para Hanslick. Primeiramente, porque em sua *Crítica da faculdade do juízo*, o centro de interesse de Kant está na questão do juízo estético (na pergunta acerca de como nasce um tal juízo), bem como na questão do julgamento de uma obra de arte bela (cf. Szondi, 1992, p.16). Em segundo lugar, pela colocação da questão acerca da autonomia da arte:[1]

---

1 Tal como afirma Cassirer (1995, p.122): "até Kant, uma filosofia da beleza significou sempre uma tentativa para reduzir a nossa experiência estética a um princípio estranho a ela e para sujeitar a arte a uma jurisdição estranha. Kant, na sua *Crítica do juízo*, foi o primeiro a apresentar uma prova clara e convincente da autonomia da arte".

O ROMANTISMO E O BELO MUSICAL **167**

Assim como a *Crítica da razão pura* pergunta como é possível o conhecimento em geral, a *Crítica do juízo* investiga os princípios do juízo estético. O que nas épocas anteriores era subentendido, a sensação, a percepção como ponto de partida da determinação da essência da arte, é tematizado em Kant. O método tradicional psicológico-sensualista se abala na inquisição filosófica de seus fundamentos, ou seja, no que se denomina *crítica* em Kant. Com ele, dá-se também o primeiro passo para uma estética que já não toma como ponto de partida o efeito da obra de arte sobre o ser humano, [...] o primeiro passo, portanto, em direção a uma filosofia da arte objetiva. (Szondi, 1992, p.162)

A questão da autonomia da arte é central no ensaio de Hanslick. Contudo, é necessário notar que ele não assume inteiramente o ponto de vista kantiano, uma vez que, para Kant, a noção de autonomia da arte é alcançada passando de uma crítica do gosto a uma teoria do gênio. Kant coloca a questão da autonomia da arte a partir do sujeito.[2] Já Hanslick procura estabelecer uma *autonomia na obra* e não no sujeito. Nesse sentido, ele se aproxima mais da reflexão romântica e da reflexão hegeliana[3] do que da reflexão kantiana. A reflexão levada a cabo por Hanslick afasta-se, sobretudo, de quaisquer concepções originadas numa estética do efeito. Tendo em vista a realização do objetivo de estabelecer a autonomia da música baseada no objeto de arte, e não no efeito sobre o sujeito, é que o autor defenderá suas teses mais polêmicas, entre elas, a de que o belo musical deve possuir em si mesmo seu significado, que a música não tem como finalidade *suscitar* sentimentos e que os sentimentos são o *conteúdo* da música.

O exame da questão acerca do conteúdo [*Inhalt*] em música constitui um dos temas mais importantes do ensaio *Do belo musical*: na

---

2 Cf. Bréhier (1950, p.562): "Com essa crítica [CFJ], Kant fez muito para liberar a estética da absurda pretensão de dar regras às belas-artes; a regra supõe um conceito ao qual deve se sujeitar o objeto; ela suprime, pois, inteiramente a liberdade do jogo da imaginação. Ele [Kant] concede, ao contrário, na arte, o lugar devido ao gênio, ou seja, à disposição interna, nascida da natureza, por meio do qual a natureza dá regras à arte".

3 Embora critique a questão da história da arte, em Hegel.

168 MÁRIO VIDEIRA

música, diferentemente do que ocorre nas demais artes, o conteúdo é interno (e não externo) e está indissoluvelmente ligado à Forma. Hanslick afirma que obra de arte corporifica uma Ideia determinada como o belo em aparição sensível, e assinala a unidade existente entre Forma e Ideia. Note-se, porém, que o compositor expõe ideias *puramente musicais*.

Como contraparte das demais artes, cujo conteúdo poderia ser expresso por palavras e explicado por conceitos, o senso comum considerava que o conteúdo da música seria toda a gama de sentimentos humanos. Porém, como mostra Hanslick, a música não pode reproduzir conceitos, tampouco pode representar sentimentos.

Como ele destaca incessantemente, o belo na música é algo especificamente *musical*, que não necessita nenhum *conteúdo externo*: está nos próprios sons e em suas relações internas. A música não deve expressar sentimentos, mas sim Ideias musicais. Hanslick afirma que uma ideia musical trazida integralmente à manifestação "é já uma coisa autônoma, é um *fim em si* e, de modo nenhum, apenas *meio* e material para a representação de sentimentos e pensamentos". Assim, o *conteúdo* da música não são os sentimentos, mas "formas sonoras em movimento".

Essa expressão causou enorme polêmica, gerando acusações de que Hanslick teria concebido a música como "nada mais do que forma, e a forma de um ressoar vazio" (cf. Dahlhaus, 1991, p.80). Muito pelo contrário, Hanslick procura justamente defender a música da acusação de que ela seria um mero jogo de formas agradáveis ao ouvido, concedendo-lhe plenamente o direito de figurar como produção da Razão. A seu ver, tais Formas são emanação de um espírito artístico criador: "não são Formas vazias, mas completamente *preenchidas*, não são mera delimitação linear de um vazio, mas espírito que se configura de dentro para fora". Portanto, o Conteúdo espiritual encontra-se na mais estreita relação com as Formas sonoras.[4]

De acordo com Dahlhaus,

---

4 Nossa interpretação do conceito de Forma [*Form*] é totalmente devedora das análises efetuadas por Carl Dahlhaus (1987, 1988, 1991).

O ROMANTISMO E O BELO MUSICAL **169**

Hanslick afirma não só que a Forma é expressão, forma de manifestação do espírito, mas que ela própria é espírito. Na sua estética, "forma" é algo de análogo a "ideia musical". [...] Da Forma, pois, pode dizer-se, e não de modo diverso do que se refere da ideia musical, que ela é essência, que "se traz à manifestação", e não, ao invés, simples manifestação de uma essência, a qual se deveria procurar fora da música, em sentimentos e programas. Mas acerca de uma forma que ele concebe como espírito e essência, Hanslick pode afirmar com sentido e sem contradição interna que ela é um "conteúdo", que aparece ou se realiza em material sonoro. (ibidem)

Dahlhaus observa ainda que "sem o pressuposto de que a forma não é simples manifestação, mas essência, 'ideia musical', teria sido absurdo declará-la como 'conteúdo da música', conceder-lhe, por conseguinte, a função que, na estética do sentimento, se incumbe ao afeto ou à disposição anímica" (ibidem, p.82).

Sem dúvida, a profusão de mal-entendidos na interpretação do ensaio – o que acabou por gerar tantas polêmicas – pode ser atribuída, em grande parte, à confusão entre a noção de "forma interna" e o emprego usual do termo "forma" no vocabulário técnico musical (referindo-se à "arquitetura" de uma peça musical, à simetria de suas partes constituintes em sua sucessão, contraste, repetição etc.).[5] Como observa Dahlhaus, os adversários de Hanslick, "acanhados no hábito arraigado de contrapor forma e conteúdo", não compreenderam a ideia de que "a forma, na música, se deve compreender como forma interna, como espírito que se configura a si mesmo a partir de dentro" (ibidem).

---

5 "O termo *forma* é utilizado em muitas acepções: nas expressões 'forma binária', 'forma ternária' ou 'forma-rondó', ele se refere substancialmente ao número de partes; a expressão 'forma-sonata' indica, por sua vez, o tamanho das partes e a complexidade de suas inter-relações; quando nos referimos ao minueto, ao scherzo, e a outras 'formas de dança', pensamos nas características rítmicas, métricas e de andamento, que identificam a dança. Em um sentido estético, o termo *forma* significa que a peça é 'organizada', isto é, que ela está constituída de elementos que funcionam tal como um *organismo* vivo" (Schoenberg, 1996, p.27).

170 MÁRIO VIDEIRA

A diferença entre a concepção tradicional de Forma e o sentido em que é empregada por Hanslick[6] em seu ensaio pode ser constatada a partir da análise da *Symphonie phantastique* de Berlioz, feita pelo compositor Robert Schumann (1835). Nela, Schumann (1982, p.34) afirma que irá tratar separadamente dos múltiplos materiais que tal peça oferece para reflexão, "segundo os quatro pontos de vista sob os quais se pode examinar uma peça musical", isto é, segundo a "Forma (o todo, as partes singulares, os períodos, as frases)", segundo a "composição musical (harmonia, melodia, textura, acabamento, estilo)", segundo a "Ideia particular" que o artista deseja expor e segundo o Espírito "que governa forma, material e ideia", e conclui: "a Forma é recipiente [*Gefäß*] do espírito". Ora, como vimos, para Hanslick a Forma não é mero recipiente do espírito, mas é, ela própria, *espírito*. Carl Dahlhaus mostra, em *Die Idee der absoluten Musik*, que Hanslick não considera o fenômeno sonoro como aparência e os "pensamentos e sentimentos" como Ideia ou conteúdo. Pelo contrário, "ele procurava a Ideia ou o conteúdo no *especificamente musical*" (Dahlhaus, 1987, p.111-12). Assim, de acordo com Dahlhaus, Hanslick chama de "Forma" a "Ideia" que se manifesta como "Ideia musical" no material sonoro. Na estética de Hanslick,

[...] a Forma não é uma forma de aparência, mas uma forma de essência: uma "Forma interna". [...] E a frase sobre as "Formas sonoras em movimento", que seriam o "conteúdo" da música, significa, pois, que o movimento dos sons – o substrato acústico – representa o elemento fenomenal, e a forma, ao contrário, o elemento ideal, o conteúdo. [...] A concepção de Forma implica, em Hanslick, dois elementos que se reuniam na ideia romântica de música absoluta: a Forma é especificamente musical, separada de toda determinação extramusical, e nisto [é]

---

6 A célebre metáfora da garrafa de champanhe é, neste sentido, emblemática: "Nada mais errôneo e frequente do que a opinião que distingue entre 'música bela' com e sem Conteúdo espiritual. Imagina a Forma artisticamente composta como algo de por si autônomo, a alma vertida nela também como algo de independente e, em seguida, divide consequentemente as composições em garrafas de champanhe vazias e cheias. Mas o champanhe musical tem a peculiaridade de crescer juntamente com a garrafa" (Hanslick, 1973, p.37; 1994, p.46).

"absoluta"; mas é justamente por isso que ela não é mais uma simples forma de aparência, que ela é espírito, forma de essência, configuração de dentro para fora. (Dahlhaus, 1987, p.111-12)

Como vimos, em sua defesa da autonomia absoluta da racionalidade musical, Hanslick afirma que a própria ideia musical trazida à manifestação é já um belo autônomo, um fim em si mesmo. A exigência de que a música seja apreendida como música, seja compreendida e fruída a partir de si mesma não significa que a música deva ser considerada mero prazer dos sentidos: a arte dos sons exige Conteúdo espiritual.

Em nota ao Capítulo 5, o próprio Hanslick expõe sua concepção de Forma, conteúdo [*Inhalt*] e Conteúdo [*Gehalt*] de maneira bastante clara:

> A opinião reprovada, não artística, de uma peça musical não realça a parte genuinamente sensível, a rica multiplicidade das sequências de sons em si, mas a sua ideia total abstrata, percebida como sentimento. Torna-se, assim, evidente a posição altamente peculiar que, na música, o *Conteúdo espiritual* [*geistige Gehalt*] assume para com as categorias da *Forma* e do *conteúdo*. Costuma-se ver o sentimento que imbui uma peça musical como o seu conteúdo, a sua Ideia, o seu Conteúdo espiritual e, pelo contrário, as sequências de sons artisticamente produzidos [e] determinados, como a mera Forma, a figura, como a indumentária sensível daquele suprassensível. Contudo, a parte "especificamente musical" é justamente a criação do espírito artístico, com o qual se une o espírito que contempla, pleno de compreensão. É nessas formações sonoras concretas que está o Conteúdo espiritual da composição, e não na vaga impressão total de um sentimento abstraído. A mera Forma (a configuração sonora), contraposta ao sentimento, como pretenso conteúdo, é justamente o verdadeiro *conteúdo* da música, é a própria música; ao passo que o sentimento suscitado não pode chamar-se nem conteúdo nem forma, mas efeito fáctico.[7] De igual modo, o elemento pretensamente *material*, que representa [*Darstellende*], é justamente o [que é] configurado pelo espírito, enquanto que o supostamente representado, o efeito no

---

7 No sentido de efetivo, cuja realidade pode ser verificada, real.

sentimento, é inerente à matéria do som e segue leis na maior parte *fisiológicas*. (Hanslick, 1973, p.72; 1994, p.77)

Hanslick (1973, p.35; 1994, p.45) considera que compor é um trabalho do espírito em material apto ao espírito.[8] Assim, o ato de compor não pode ser encarado como representação de um conteúdo, mas como a realização artística de uma ideia musical que nasce da fantasia do compositor. Por isso, não se pode afirmar que o compositor parte do intuito de descrever uma paixão, mas sim da *invenção de um tema* que é exposto em todas as suas relações. Entendido como um trabalho de natureza reflexiva, a atividade composicional exige elaboração minuciosa, na qual o sentimento não desempenha nenhum papel como fator criador. A obra de arte é concebida de forma puramente musical, como expressão da Razão: é por isso que Hanslick pode afirmar que o Conteúdo espiritual está nas próprias formações sonoras.

Quanto à questão dos sentimentos na música, que causou – e ainda causa – inúmeras polêmicas, é importante assinalar que Hanslick não *nega* que a música *possa* suscitar sentimentos naquele que ouve. Ele, na realidade, nega que esse suscitar de sentimentos (contingente, subjetivo e arbitrário) possa servir como *fundamento* para a consideração estética da música – o que inclui a atividade do *compositor* (que configura belas *Formas* sonoras), do *ouvinte* (quando faz a fruição da obra musical na contemplação pura) e do *crítico* (que não se pode apoiar em nada que esteja fora da obra de arte).

Hanslick mostra que o desenvolvimento do tema elaborado pelo compositor é consequência dos fatores sonoros escolhidos e não expressão de sentimentos ou de acontecimentos de sua biografia

---

8 Ao afirmar que compor é um trabalho do espírito em material apto ao espírito, devemos compreender a noção de espírito como o princípio pensante, como intelecto, mente, razão, como a capacidade racional do homem. Não se trata aqui de uma noção de *sistema*, e o conceito de espírito, para Hanslick, não tem as mesmas implicações que este conceito possui, por exemplo, no âmbito do sistema hegeliano (cf., por exemplo, §§379 e 381 da *Enciclopédia das Ciências Filosóficas*, de Hegel).

O ROMANTISMO E O BELO MUSICAL **173**

pessoal. A obra de arte musical não é resultado dos sentimentos particulares do compositor ou de sua disposição anímica, mas é de natureza essencialmente *objetiva*: um configurar constante, um *"formar"* em relações sonoras. Analogamente, tampouco pode o crítico fundamentar o julgamento de uma obra de arte musical a partir da mera *descrição* das emoções subjetivas que o invadem na audição. Em outras palavras, não pode basear-se no *efeito* que a música possa exercer sobre seus sentimentos (uma vez que esses são *subjetivos*, não possuem o caráter de necessidade, essencial à ciência). Ao dividir a música nos momentos da composição e reprodução (interpretação), Hanslick somente considera possível a emanação de sentimentos na interpretação. Por parte do ouvinte, somente a contemplação pura pode ser considerada como puramente estética (e não a patológica, que busca prazer apenas no elementar da música, no som).

Por uma contemplação estética da obra de arte musical, Hanslick compreende uma contemplação consciente, uma fruição desprovida de afetos e capaz de perceber as *relações* musicais. Considerada sob o aspecto da fruição, a música apresenta-se como a mais espiritual das artes, pela própria peculiaridade de suas obras que se apresentam num desdobrar sucessivo, exigindo do ouvinte uma atividade espiritual ininterrupta, se a compararmos às demais artes. Por meio desse acompanhamento incansável em intensa atenção, Hanslick considera que, em obras mais complexas, a própria *fruição* pode elevar-se a um trabalho espiritual. Desse modo, exige-se que se ouça uma peça musical como um fim em si mesma e não como um *meio* para suscitar sentimentos. A beleza artística não está no *efeito* sobre o sentimento: ao deixar de ser um fim em si, tida apenas como *meio* para um efeito exterior, a música deixa de atuar propriamente como arte.

No que diz respeito à influência da reflexão francesa – sobretudo dos textos de Boyé e Chabanon –, essa manifesta-se na abordagem da questão da música vocal, na constatação da insuficiência dos meios que a música possui para produzir imitações (imita por meio de analogias) e na questão do papel da música na ópera. A ideia de que numa composição vocal não são os sons que representam um conteúdo, mas sim o texto e que, se o separarmos da melodia, essa

174   MÁRIO VIDEIRA

última tornar-se-á um "hieróglifo", assemelha-se bastante às concepções de Hanslick. Igualmente ocorre com a questão do recitativo, ao qual se atribui um valor musical apenas "medíocre", pois nele a música desempenha apenas a função de "serva" da poesia. Tal concepção pode ser encontrada no ensaio de Hanslick, mais precisamente na ideia de que, na ópera, apesar da estreita colaboração que deve haver entre as artes, a primazia deve ser concedida à música.

Outro ponto de contato está na ideia de que a música não imita a natureza. No ensaio *Do belo musical*, tal concepção apresentar-se-á pela defesa da ausência de um modelo para a música no belo natural. O ensaio de Hanslick afasta-se da reflexão francesa, contudo, num ponto crucial: embora encontremos – e aqui referimo-nos especialmente aos escritos de Chabanon – concepções bastante avançadas para o pensamento estético da época (tais como a valorização da música instrumental; a ideia de que os sons em si não possuem significação precisa, nem apresentam ideias claras e distintas; que a primeira tarefa do músico é "cantar" e não "pintar"; que os procedimentos da música diferem dos processos da linguagem, e sobretudo a concepção de que os sons musicais não são "expressão da coisa", mas a "coisa mesma"), tanto Chabanon quanto Boyé acabam por considerar a música como *prazer dos sentidos*. Uma vez que a música não pode ser considerada propriamente como arte "imitativa", a sua principal tarefa seria agradar sensorialmente, tal como um banquete agrada o sentido do paladar ou um perfume agrada o sentido do olfato. Tal ponto de vista difere essencialmente daquele defendido por Hanslick, uma vez que, para esse, a música é "trabalho do espírito em material espiritualizável" e merece figurar com a mesma dignidade de qualquer das outras artes como criação do espírito humano.

Ao falar da influência da reflexão francesa, convém notar ainda que Hanslick, em seu ensaio, volta-se tanto contra Rameau (e a ideia de primazia da harmonia) quanto contra Rousseau (que concedia a primazia à melodia). Para Hanslick, melodia, harmonia, ritmo e timbre são concebidos simultaneamente (no tema), e o Conteúdo espiritual da música corresponde ao conjunto de todos eles. Como vimos, no seu entender, a arte dos sons traz à manifestação a Ideia. Essa

O ROMANTISMO E O BELO MUSICAL **175**

é *sonora*, e não algo de conceitual que teria que ser traduzido em sons.[9] Isso permite a Hanslick afirmar que o belo musical tem raízes somente em suas determinações musicais.

Tal ponto de vista o leva a defender a total separação entre estética e história da arte. Hanslick considera juízo estético e compreensão histórica como coisas totalmente distintas e exige que a autonomia seja feita na obra: a seu ver, o esteta tem que se ater às *obras* e investigar *o que é belo nelas*. Hanslick considera ainda que as condições pessoais ou o ambiente histórico do compositor não têm nada a ver com a consideração estética. Uma das críticas que ele dirige à estética de Hegel deve-se ao fato de esse ter "confundido de modo imperceptível o seu ponto de vista *histórico-artístico* com o estético". Entretanto, quer-nos parecer que, ao fazer tal crítica, Hanslick não leva em conta o fato de a estética hegeliana ser fundada em seu *sistema*.

Na verdade, a consideração histórica é fundamental para Hegel, e tal fato não poderia dar-se de maneira diferente, uma vez que, não somente a sua estética, mas "seu sistema inteiro é de fato fundado e pensado sobre a base da História como nenhuma filosofia havia sido até então" (Löwith, 1969, p.49). Gombrich (1977, p.10) afirma categoricamente que está fora de dúvida o fato de que, para Hegel, "mesmo sua doutrina categorial estética era uma parte inseparável de *todo* [grifo nosso] o seu sistema filosófico". Por meio da obra de

---

9 Esse ponto de vista assemelha-se, de certa forma, àquele defendido por Anton Webern (1984, p.37): "Deve ter existido uma razão, alguma necessidade subjacente para que surgisse isto que chamamos música. Qual necessidade? Aquela de dizer alguma coisa, de exprimir algo, uma ideia que não poderia ser expressa de outra maneira que não fosse pelos sons. Não pode ter sido de outra forma. Senão, por que todo este trabalho se se pudesse dizer a mesma coisa através de palavras? [...] Por meio dos sons tentamos comunicar alguma coisa que não pode ser dita de outra maneira". Alguns capítulos adiante, Webern (1984, p.106) pergunta-se: "Afinal, o que é a música? A música é uma linguagem. O homem quer, através dessa linguagem, expressar ideias, não ideias transformáveis em conceitos, mas ideias *musicais*". Também o compositor Aaron Copland (1974, p.29) escreve: "Uma pergunta realmente importante é: 'Como é que o compositor dá início ao seu trabalho? Por onde é que ele começa?' A resposta a isso é: todo compositor começa com uma ideia musical. Uma ideia *musical*, note bem, e não uma ideia literária, filosófica ou simplesmente extramusical".

176 MÁRIO VIDEIRA

arte, apreende-se a expressão do Espírito que se efetiva a si mesmo, através da história. Hanslick também critica a estética hegeliana em razão da "falta de Conteúdo" [*Gehaltlosigkeit*] supostamente atribuída por Hegel à arte dos sons, bem como às afirmações de que a música seria "expressão da interioridade privada de individualidade" [*individualitätslosen Innern*]. Hanslick (1973, p.104; 1994, p.107) afirma que, mesmo do ponto de vista musical de Hegel, "que negligencia a atividade essencialmente formadora e objetiva do compositor, concebendo a música somente como livre exteriorização da subjetividade", não se deduz a "ausência de individualidade" da música. Hanslick argumenta que a individualidade se exprime na escolha e elaboração dos distintos elementos musicais. Segundo ele, a música tem conteúdo, mas *musical*, e somente negando qualquer outro conteúdo [*Inhalt*] é que se pode salvar seu Conteúdo [*Gehalt*]. A seu ver, o Conteúdo da música não se infere a partir do sentimento indeterminado, mas a partir da configuração sonora determinada, como criação livre do espírito em material apto ao espírito.

Parece-nos, como afirmamos anteriormente, que a interpretação feita por Hanslick a partir da estética musical de Hegel não leva totalmente em conta a posição da música no sistema das artes ou, mais especificamente, no âmbito das *artes românticas*.[10] Para compreender essa questão, a análise empreendida por Heinz Heimsoeth em seu artigo "Hegels Philosophie der Musik" é de especial interesse. Como mostra Heimsoeth (1963, p.168), as teses de Hegel estão "muito distantes de todo subjetivismo estético-musical, de todo delírio e arrebatamento do sentimento, do *dissolver-se* [...] do ouvinte no mar de sons [...] que valeu a hostilidade de Hanslick". Segundo ele, o caráter meramente formal e estrutural, as divisões da obra, enfim, a "objetividade" encontrada nas sequências sonoras não são objeto das análises e conceitos de Hegel, que visa mais "a esfera de sentido e

---

10 Quando se trata da música como parte da Forma de arte romântica, Hegel não está se referindo exclusivamente ao período histórico limitado, que abrange aproximadamente desde as últimas obras de Beethoven até Mahler. No sistema das artes hegeliano, a marca da Forma de arte romântica é a *interioridade*, o princípio da subjetividade que se volta para si mesma.

significado da música como tal". É, portanto, necessária certa dose de cautela para não tomar as noções de objetividade e subjetividade em Hegel no mesmo sentido que usamos correntemente. Heimsoeth (1963, p.166) afirma que só se pode compreender corretamente a estética musical de Hegel nas suas formulações e formações de conceitos, se pensarmos na perspectiva dessa evolução por estágios que cada arte assume no contexto geral de seu sistema.

A Forma de arte romântica tem por meta "configurar a interioridade do subjetivo" (Hegel, 2002, p.27). O verdadeiro conteúdo do romântico é, segundo Hegel (2000, p.253), "a interioridade absoluta, a Forma correspondente é a subjetividade espiritual, enquanto apreensão de sua autonomia e liberdade".[11] É, portanto, o princípio da subjetividade, que irrompe no conteúdo e no modo da exposição artística, que produz a transição universal da escultura para as artes românticas – pintura, música e poesia. Segundo Hegel (2002, p.189 e 191),

> A subjetividade é o conceito do espírito que existe idealmente para si mesmo, que se recolhe desde a exterioridade na existência interior, que, por conseguinte, não se reúne mais com a sua corporalidade em uma unidade destituída de separação. [...] O princípio da subjetividade implica a necessidade de abandonar [...] a unificação espontânea do espírito com a sua corporalidade e pôr em maior ou menor grau de modo negativo o corporal, a fim de ressaltar a interioridade desde o exterior [...].

Nas artes românticas, o ideal [Ideelle] faz-se aparecer em sua forma exterior de um modo tal que "a forma exterior mesma mostra que

---

11 Hegel (2000, p.252-3) afirma que "no estágio da arte romântica, o espírito sabe que sua verdade não consiste em mergulhar a si na corporalidade; pelo contrário, ele apenas se torna certo de sua verdade pelo fato de reconduzir a si mesmo do exterior para sua interioridade [Innigkeit] consigo mesmo e de estabelecer a realidade exterior como existência que não lhe é adequada". E mais adiante: "O que aparece externamente não é mais capaz de expressar a interioridade, e se mesmo assim ainda é chamado para isso, apenas mantém a tarefa de mostrar que o exterior é a existência que não satisfaz e que deve apontar de volta para o interior, para o ânimo [Gemüt] e para o sentimento [Empfindung], enquanto para o elemento essencial" (ibidem, p.261).

178 MÁRIO VIDEIRA

ela é *apenas* o exterior de um sujeito interior existente *para si*" (ibidem, p.191). O caminho, no sistema das artes, vai do exterior para o interior, começando com a exterioridade da arquitetura até a interioridade da poesia. Cabe lembrar que a dialética em Hegel não é juízo de valor, de modo que cada arte possui seu lugar e sua importância no contexto do sistema. Ora, parece-nos que Hegel não afirma a falta de Conteúdo na música, conforme a opinião de Hanslick. Como lembra Heimsoeth (1963, p.167), a música manifesta um Conteúdo espiritual "no modo pelo qual ele se torna vivo na esfera da interioridade subjetiva". No âmbito do sistema das artes, a música, como arte, expõe um Conteúdo que só ela pode manifestar:

> Seu conteúdo é o subjetivo em si mesmo, e a exteriorização não conduz igualmente a uma objetividade *que permanece* espacial, mas mostra, por meio de sua oscilação livre destituída de sustentação, que ela é uma comunicação, a qual, em vez de possuir por si mesma uma subsistência, apenas deve ser sustentada pelo interior e pelo subjetivo e apenas deve existir para o interior subjetivo. Assim, o som é certamente uma exteriorização e uma exterioridade, mas uma exteriorização que imediatamente se faz novamente desaparecer justamente pelo fato de que é exterioridade. (Hegel, 2002, p.280)

Ela realiza o completo retraimento na subjetividade por meio da eliminação não apenas de *uma* dimensão espacial (como a pintura em relação à escultura), mas pela eliminação da espacialidade total em geral. Segundo Hegel (2002, p.133), a música constitui nessa relação "o autêntico ponto central daquela exposição que toma para si o subjetivo como tal tanto como conteúdo quanto como Forma, na medida em que ela, como arte, na verdade manifesta o interior, mas na sua objetividade permanece ela mesma *subjetiva*".[12]

Ao eliminar a própria espacialidade em favor da temporalidade, pode-se perceber que, como "também em Hegel a música é uma arte

---

12 Para Heimsoeth (1963, p.169), as obras musicais "movem-se num decurso temporal, e nisso essa arte permanece, já em contraste com todas as outras", inclusive as artes plásticas, "em sua objetividade ela mesma *subjetiva*".

de importância única: seu lugar espiritual está no 'extremo' da interioridade" (Heimsoeth, 1963, p.169).

Diferentemente do sistema hegeliano, no qual a música é superada pela poesia, Hanslick considera que o espiritual na música é maior do que nas demais artes. Justamente em razão do seu material incorpóreo, de natureza mais espiritual e mais delicada que qualquer outra matéria artística, ele a considera a arte mais espiritual. A música não fala somente por meio de sons: ela fala *somente* sons, e não pode representar nenhum conteúdo determinado. Diferentemente das demais artes, a música não possui nenhum conteúdo, no sentido de um objeto. Ela consiste em sequências de sons, em formas sonoras que não possuem nenhum outro conteúdo além de si mesmas. Porém, cabe lembrar novamente que os conceitos de Forma e conteúdo são complementares e condicionam-se mutuamente: diferentemente das demais artes, na música Forma e conteúdo são inseparáveis e constituem uma unidade indivisível.

O conteúdo de uma peça musical é ela mesma: não é um sentimento, não é um programa. Assim, o conteúdo de uma obra musical só pode ser apreendido de modo musical, ou seja, como aquilo que ressoa concretamente, e não por meio de conceitos. Diferentemente da concepção de Rameau, a racionalidade, para Hanslick, não é dada somente pela harmonia, mas pelo Tema configurado pelo compositor, como uma *unidade* entre melodia, harmonia e ritmo. Tal tema é *especificamente musical*, não se refere a nada externo a si mesmo, e seu desenvolvimento dá-se de maneira análoga a um desenvolvimento lógico. Não é um extravasar de sentimentos subjetivos e pessoais do compositor, tampouco representação objetiva de afetos estereotipados, não é imitação da natureza (uma vez que a música não possui modelo na natureza, como vimos). É uma construção racional, configuração de uma ideia especificamente musical, desenvolvimento das possibilidades intrínsecas ao próprio tema. Trabalho do espírito em material apto ao espírito, e não mero jogo de formas vazias ou mero prazer dos sentidos. Não é tradução em sons de um objeto exterior à música, mas a exteriorização de um pensar em sons que não pode ser expresso por meio de conceitos.

180　MÁRIO VIDEIRA

Além dos aspectos que mencionamos anteriormente, não se pode deixar de notar a importância desempenhada pelo pensamento do romantismo alemão – sobretudo de Wackenroder, Tieck e Hoffmann – para a fundamentação de certos aspectos do ensaio de Hanslick, sobretudo no que diz respeito à importância da infinitude e do consequente valor que se passa a atribuir à música instrumental, pela primeira vez na história da Estética. Como vimos na primeira parte deste trabalho, foi pela metafísica da música instrumental dos primeiros românticos, influenciada pela estética do sublime, que a música instrumental deixou de ser mero "ruído vazio" para tornar-se a própria essência da arte musical. Ao tornar-se uma linguagem além da linguagem, que não se refere a nada além dela mesma, veículo do sublime, pressentimento do absoluto, conferiu-se à música instrumental uma dignidade até então jamais vista, e que vai estar no centro do ensaio de Hanslick.[13]

Outro aspecto de grande importância na reflexão romântica, que também vai estar presente no ensaio *Do belo musical*, é a exigência de uma *contemplação pura* como única forma artística, estética, de audição, bem como sua exigência de um "acompanhamento incansável" das formas sonoras, "com a mais absoluta atenção". Tal exigência, embora possa parecer, à primeira vista, excessivamente "formalista", tem suas raízes nos escritos de Wackenroder, estando originalmente intimamente ligada à noção de religião da arte e ao ato de "ouvir com devoção". Tais ideias expressavam-se, por exemplo, na atitude de escuta de seu personagem Joseph Berglinger, quando Wackenroder relata que "o mais ínfimo som não lhe escapava", ou então, nas cartas do próprio Wackenroder, ao escrever que a maneira verdadeira de apreciar a música consistiria numa "observação muito atenta dos sons e de sua sucessão".

---

13 A afirmação de E. T. A. Hoffmann, de que "quando se fala de música como arte autônoma, deve-se ter em mente somente a música instrumental a qual [...] exprime a genuína essência da arte" (in Iriarte, 1987, p.93), poderia perfeitamente figurar no ensaio de Hanslick, tamanha a similaridade entre as concepções desses dois autores.

O ROMANTISMO E O BELO MUSICAL   181

Além disso, no último parágrafo do ensaio do "formalista" Hanslick está presente a concepção romântica da música instrumental pura como pressentimento do infinito. De maneira bastante similar a E. T. A. Hoffmann (1967, p.37), que afirma que a música instrumental pura desvenda "o maravilhoso reino espiritual do infinito", utilizando-se, para tanto, de meios mais espirituais e etéreos do que qualquer outra arte, no ensaio de Hanslick (1973, p.104; 1994, p.107) encontramos a música descrita como "cópia ressoante dos movimentos do universo" que nos permite "sentir [...] o infinito na obra do talento humano".[14]

Muito se tem escrito, ao longo dos últimos 150 anos, acerca do ensaio *Do belo musical*. Desde a sua primeira edição, em 1854, o ensaio tem sido objeto de toda sorte de interpretações e comentários, e tem dado origem a uma infinidade de debates e polêmicas.

Citada à exaustão nos manuais e enciclopédias de história e estética da música, privilegiou-se o lado polêmico de sua tese negativa e convencionou-se designar Hanslick como o mais ferrenho dos formalistas, negligenciando as influências à primeira vista pouco evidentes do pensamento romântico presentes em seu ensaio, bem como sua posição diante das principais teorias filosóficas de seu tempo. Além disso, essa ênfase dada ao lado polêmico de seu ensaio teve por consequência um exame, em geral, pouco detalhado de sua tese positiva, da peculiaridade das noções de Forma, conteúdo e Conteúdo

---

14 Pode-se considerar ainda como uma herança da reflexão romântica o emprego da noção de fantasia, ou imaginação produtiva, em oposição à *Einbildungskraft* (imaginação reprodutiva). A obra musical, produzida pela fantasia do artista, dirige-se não aos sentimentos, mas à fantasia do ouvinte. Dessa forma, a fantasia torna-se, ao mesmo tempo, também o órgão pelo qual o belo é acolhido, a "atividade do puro contemplar". Trata-se, no entanto, de um contemplar com entendimento: à noção de contemplação em música corresponde o ato de um ouvir atento, uma consideração sucessiva das formas sonoras (que, como vimos, é tributária da concepção romântica da metafísica da música instrumental). Dessa forma, Hanslick estabelece que a fruição *estética* do belo musical deve dar-se na "contemplação pura", afastada de todo interesse material, diferentemente tanto da fruição *patológica*, caracterizada por uma atuação predominante sobre o sentimento, como também da recepção puramente *lógica*, caracterizada pela atuação sobre o entendimento.

182 MÁRIO VIDEIRA

por ele utilizadas, bem como dos pressupostos estéticos de seu tempo, que o levaram a tentar solucionar o problema do belo na música.

Por meio da análise do ensaio *Do belo musical*, podemos concluir que ele revela uma dupla face: por um lado, Hanslick revela-se tributário de alguns aspectos da reflexão estética do final do século XVIII e princípio do XIX, bem como do pensamento romântico alemão, como já mencionamos anteriormente; por outro, sua crítica contundente à "estética do sentimento" constituiu-se não apenas numa poderosa arma de ataque à estética musical de seu tempo, mas acabou também por converter-se na vertente de seu pensamento que maior influência exerceu sobre o pensamento estético-musical no século XX. De fato, algumas das teses defendidas por Hanslick em meados do século XIX teriam profundas ressonâncias no correr do século seguinte. O compositor Anton Webern (1984, p.33), em 1932, perguntava-se:

> Como as pessoas ouvem música? Como a ouve a grande massa? Aparentemente ela precisa se orientar por certas imagens ou "estados de espírito". Sente-se perdida quando não pode imaginar um prado verde, um céu azul ou algo do gênero. Escutando-me agora, vocês acompanham um desenvolvimento lógico de ideias. No entanto, não é assim que tais pessoas acompanham os sons musicais.

Também o compositor russo Igor Stravinsky, em entrevista a Robert Craft, afirma: "o que me choca, no entanto, é a descoberta de que muita gente pensa abaixo da música. Ela é meramente alguma coisa que lhes recorda outra coisa qualquer – uma paisagem, por exemplo" (Stravinsky & Craft, 1999, p.91). Em outros escritos, Stravinsky afirma ainda: "Considero a música, por sua essência, como incapaz de *expressar* o que quer que seja: um sentimento, uma atitude, um estado psíquico, um fenômeno da natureza etc. A *expressão* nunca foi propriedade imanente da música"(apud Boulez, 1995, p.17).

Exemplos similares podem ser encontrados em textos de compositores das mais variadas épocas e estilos, desde Busoni (*Ensaio para uma nova estética da arte musical*) até Varèse (*Écrits*). Poder-se-ia

O ROMANTISMO E O BELO MUSICAL   183

dizer que muitos dos problemas levantados por Hanslick, passados 150 anos da publicação de seu ensaio, ainda não estão resolvidos. A questão acerca dos sentimentos na música é ainda um tópico de discussão bastante polêmico entre os compositores, críticos e musicólogos da atualidade. Mesmo no Brasil, alguns escritos dos compositores Willy Corrêa de Oliveira (1979, 1996) e Flô Menezes (1996) são sintomáticos de que a polêmica em torno da "expressão de sentimentos" na música – muito embora seja uma discussão de longa data – está ainda longe de ser definitivamente solucionada. Conforme lembra o musicólogo Enrico Fubini (1995, p.106), "Hanslick continuará sendo um ponto fixo de referência, seja para a estética musical de orientação formalista, seja para aquela de orientação antiformalista: mais que um ponto de chegada, o seu pensamento aparece como um ponto de partida, rico em possibilidades de desenvolvimento".

REFERÊNCIAS BIBLIOGRÁFICAS[1]

ARISTÓTELES. *Poética.* 3.ed. Trad. E. Sousa. Lisboa: Imprensa Nacional, 1992.

BARBOZA, J. *A Metafísica do Belo de Arthur Schopenhauer.* São Paulo: Humanitas/Fapesp, 2001.

BATTEUX, C. *Les Beaux-Arts réduits à un même principe.* Paris: Durand, 1746.*

BENJAMIN, W. *O conceito de crítica de arte no romantismo alemão.* Trad. M. Seligmann-Silva. São Paulo: Iluminuras, 1999.

BOULEZ, P. *Apontamentos de aprendiz.* Trad. S. Moutinho, C. Pagano, L. Bazarian. São Paulo: Perspectiva, 1995.

BOYÉ. *L'expression musicale mise au rang des chimères* (1779). In: LIPPMANN, E. (Ed.) *Musical Aesthetics:* a historical reader. v 1. New York: Pendragon, 1986. p.285-94.

BRÉHIER, E. *Histoire de la Philosophie. Tome II:* la Philosophie Moderne. Paris: PUF, 1950.

BUELOW, G. J. Rhetoric and Music. In: SADIE, S. *The New Grove dictionary of music and musicians.* London: Macmillan, 1980. v.15, p.793-803.

BUSONI, F. *Ensaio para uma nova estética da arte musical.* Trad. S. Magnani. Salvador: Universidade Federal da Bahia, 1966.

---

1 As obras assinaladas com asterisco [*] estão disponíveis sob a forma de cópia fac-similar no site da Biblioteca Nacional Francesa (BNF): http://gallica.bnf.fr

186   MÁRIO VIDEIRA

CACCINI, G. *Le nuove musiche*. Firenze: Giorgio Marescotti, 1601.*

CACCIOLA, M. L. *A crítica da razão no pensamento de Schopenhauer*. São Paulo, 1981. Dissertação (Mestrado em Filosofia) – Faculdade de Filosofia, Universidade de São Paulo.

_____. *Schopenhauer e a questão do dogmatismo*. São Paulo: Edusp, 1994.

CANNONE, B. *Philosophies de la musique:* 1752-1789. Paris: Aux Amateurs de Livres/Klincksieck, 1990.

CASSIRER, E. *A filosofia do iluminismo*. Trad. A. Cabral. Campinas: Editora da Unicamp, 1992.

_____. *Ensaio sobre o homem*. Trad. C. Branco. Lisboa: Guimarães, 1995.

CATENHUSEN, M. *Rhetorik und Affektenlehre bei Johann Mattheson*. Seminararbeit (Universität Potsdam). Potsdam, 2000.

CHABANON, M. P. G. Observations sur la musique (1779) In: LIPPMANN, E. (Ed.) *Musical Aesthetics:* a historical reader. v.1. New York: Pendragon, 1986. p.295-318.

CHRISTENSEN, T. Eighteenth-century science and the *corps sonore*: the scientific background to Rameau's principle of harmony. *Journal of Music Theory*, v.31, n.1, p.23-50, 1987.

COPLAND, A. *Como ouvir e entender música*. Trad. L. P. Horta. Rio de Janeiro: Artenova, 1974.

DAHLHAUS, C. *Musikästhetik*. Köln: Hans Gerig, 1967.

_____. *Die Idee der absoluten Musik*. 2. Aufl. Kassel: Bärenreiter, 1987.

_____. *Klassische und romantische Musikästhetik*. Laaber: Laaber--Verlag, 1988.

_____. *La musica dell'Ottocento*. Trad. L. Dallapiccola. Firenze: La Nuova Italia, 1990.

_____. *Estética Musical*. Trad. A. Morão. Lisboa: Edições 70, 1991.

_____. *L'Idée de la musique absolue*. Trad. M. Kaltenecker. Genève: Contrechamps, 1997.

_____. *Fundamentos de la historia de la musica*. Trad. N. Machain. Barcelona: Gedisa, 2003.

DAVERIO, J. *Nineteenth-Century Music and the german romantic ideology*. Nova Iorque: Schirmer, 1993.

DIDEROT, D. *Obras II*: Estética, Poética e contos. Trad. J. Guinsburg. São Paulo: Perspectiva, 2000.

DUBEAU, C. *De la poétique à l'esthétique: imitation, beaux-arts et nature du signe musical chez Jean-Baptiste Dubos (1670-1742) et Michel-Paul Guy de Chabanon (1730-1792)*. Mémoire de Maîtrise en Arts. Faculté de Lettres – Université Laval, 2002.

DUBOS, J.-B. *Réflexions critiques sur la poésie et la peinture.* Paris: INALF, 1961 (Repr. da ed. de Paris: P.-J. Mariette, 1733).*
EGGEBRECHT, H. H. *Musik im Abendland.* München: Piper, 1996.
ESPIÑA, Y. *La razón musical en Hegel.* Pamplona: Ediciones Universidad de Navarra, 1996.
FUBINI, E. *La estetica musical del siglo XVIII a nuestros dias.* Trad. A. P. Rodrigues. Barcelona: Barral, 1971.

_____. *L'estetica musicale dall'Antichità al Settecento.* Torino: Einaudi, 1976.

_____. (Ed.) *Musica e cultura nel settecento europeo.* Torino: EDT/ Musica, 1986.

_____. *Estetica della Musica.* Bologna: Il Mulino, 1995.
GONÇALVES, R. G. C. *Arte e metafísica na filosofia de Schopenhauer.* São Paulo, 2001. Dissertação (Mestrado em Filosofia) – Faculdade de Filosofia, Universidade de São Paulo.
GOMBRICH, E. H. Hegel und die Kunstgeschichte. *Neue Rundschau.* Frankfurt am Main: Fischer, v.2, 1977. Trad. Marco A. Werle (Inédita).
HANSLICK, E. *Aus dem Opernleben der Gegenwart.* Berlin: A. Hofmann, 1884.

_____.*Du beau dans la Musique.* Trad. C. Bannelier. Paris: Brandus, 1877.

_____.*Il Bello Musicale.* Trad. L. Rognoni. Milão: A. Minuziano, 1945.

_____.*De lo Bello en la Musica.* Trad. A. Cahn. Buenos Aires: Ricordi, 1947.

_____.*Vienna's Golden Years of Music 1850-1900.* Trad. e ed. H. Pleasants. Londres: Victor Gollancz, 1951.

_____.*Vom musikalisch-Schönen:* Ein Beitrag zur Revision der Ästhetik der Tonkunst. Darmstadt: Wissenschaftliche Buchgesellschaft, 1973.

_____.*The beautiful in Music.* Trad. G. Cohen. Nova Iorque: Da Capo Press, 1974.

_____.*Do Belo Musical.* Trad. N. Simone Neto. Campinas: Editora da Unicamp, 1992.

_____.*Do Belo Musical.* Trad. A. Morão. Lisboa: Edições 70, 1994.
HARNONCOURT, N. *O discurso dos sons.* Trad. M. Fagerlande. Rio de Janeiro: Jorge Zahar, 1990.

_____. *O diálogo musical: Monteverdi, Bach e Mozart.* Trad. L. P. Sampaio. Rio de Janeiro: Jorge Zahar, 1993.
HEGEL, G. W. F. *Vorlesungen über die Ästhetik I-III.* Frankfurt am Main: Suhrkamp, 1986.

_____. *Enciclopédia das ciências filosóficas I*. Trad. A. Morão. Lisboa: Edições 70, 1988.

_____. *Enciclopédia das ciências filosóficas III*. Trad. P. Meneses. São Paulo: Loyola, 1995.

_____. *Cursos de Estética II*. Trad. M. A. Werle e O. Tolle. São Paulo: Edusp, 2000.

_____. *Fenomenologia do Espírito:* parte II. 5.ed. Trad. P. Meneses. Petrópolis: Vozes, 2001a.

_____. *Cursos de Estética I*. 2.ed. Trad. M. A. Werle. São Paulo: Edusp, 2001b.

_____. *Cursos de Estética III*. Trad. M. A. Werle e O. Tolle. São Paulo: Edusp, 2002.

HEIMSOETH, H. Hegels Philosophie der Musik. *Hegel-Studien*, v.2, p.161-201, 1963.

HERDER, J. G. *Ensaio sobre a origem da linguagem*. Trad. J. M. Justo. Lisboa: Antígona, 1987.

HOFFMANN, E.T.A. *Schriften zur Musik*. Darmstadt: Wissenschaftliche Buchgesellschaft, 1967.

_____. *Fantasie- und Nachtstücke*. Darmstadt: Wissenschaftliche Buchgesellschaft, 1968.

_____. *Die Serapions-Brüder*. München: Winkler Verlag, 1976.

_____. *Écrits sur la musique*. Trad. B. Hebert e A. Montandon. Lausanne: L'Age d'Homme, 1985.

INWOOD, M. *Dicionário Hegel*. Trad. A. Cabral. Rio de Janeiro: Jorge Zahar, 1997.

IRIARTE, R. (Org.) *Música e literatura no romantismo alemão*. Lisboa: Apaginastantas, 1987.

JIMENEZ, M. *Qu'est-ce que l'esthétique?* Paris: Gallimard, 1997.

KANT, I. *Anthropologie du point de vue pragmatique*. Trad. M. Foucault. Paris: J. Vrin, 1964.

_____. Analítica do belo (§§1-22), Da arte e do gênio (§§43-54). Trad. R. R. Torres Filho. In: *Crítica da Razão pura e outros textos filosóficos*. São Paulo: Abril, 1974 (Pensadores, 25).

_____. *Crítica da faculdade do juízo*. Trad. A. Marques e V. Rohden. Lisboa: Imprensa Nacional/ Casa da Moeda, 1998a.

_____.*Kritik der Urteilskraft und Schriften zur Naturphilosophie*. Darmstadt: Wissenschaftliche Buchgesellschaft, 1998b.

_____.*Observações sobre o sentimento do belo e do sublime*. Trad. V. Figueiredo. Campinas: Papirus, 1993.

O ROMANTISMO E O BELO MUSICAL **189**

KNOLL, V. Sobre a questão da Mimesis. *Discurso*, v.27, p.61-81, 1996.

LE HURAY (Ed.) *Music and aesthetics in the eighteenth and early nineteenth--centuries*. Cambridge: Cambridge University Press, 1981.

LÉVI-STRAUSS, C. *Olhar, escutar, ler*. São Paulo: Companhia das Letras, 2001.

LIPPMANN, E. *Musical Aesthetics:* a historical reader. 2v. Stuyvesant, New York: Pendragon, 1986.

_____. *A history of western musical aesthetics*. Lincoln: University of Nebraska Press, 1992.

LÖWITH, K. *De Hegel à Nietzsche*. Trad. R.Laureillard. Paris: Gallimard, 1969.

MAMMÌ, L. *Santo Agostinho:* o tempo e a música. São Paulo, 1998. Tese (Doutorado em Filosofia) – Faculdade de Filosofia, Letras e Ciências Humanas, Universidade de São Paulo.

MATOS, F. *O filósofo e o comediante*. Belo Horizonte: Ed. UFMG, 2001.

MENEZES, F. (Org.) *Música eletroacústica:* história e estéticas. São Paulo: Edusp, 1996

MORELLET, A. De l'expression en musique et de l'imitation dans les arts (1771). In: LIPPMANN, E. (Ed.) *Musical Aesthetics: a historical reader*. v.1. New York: Pendragon, 1986. p.269-84.

MORITZ, K. P. *Le concept d'achevé en soi et autres écrits*. Trad. P. Beck. Paris: PUF, 1995.

NEWMAN, E. *Wagner:* el hombre y el artista. Trad. J. M. M. Triana. Madrid: Taurus, 1982.

NOVALIS. *Werke und Briefe*. Munique: Winkler, 1962.

_____. *Pólen*. Fragmentos, diálogos, monólogo. Trad. R. R. Torres Filho. São Paulo, Iluminuras, 1988.

OLIVEIRA, W. C. *Beethoven, proprietário de um cérebro*. São Paulo: Perspectiva, 1979.

_____. *Caderno de Pânico*. São Paulo, 1996. Tese (Doutorado em Música) – Escola de Comunicações e Artes, Universidade de São Paulo.

PAYZANT, G. *Eduard Hanslick and Robert Zimmermann:* a biographical sketch. s.l.: s.n., 2001.

RAMEAU, J.-P. *Observations sur notre instinct pour la musique et sur son principe*. Paris: Prault, 1754.*

_____. *Génération Harmonique* ou Traité de Musique théorique et pratique. Paris: Prault, 1737.*

_____. *Traité de l'harmonie*. Paris: Klincksieck, 1986.

190 MÁRIO VIDEIRA

ROUSSEAU, J.-J. *Ensaio sobre a origem das línguas*. Trad. L. S. Machado. São Paulo: Abril, 1973.

_____. *Oeuvres complètes V: Écrits sur la musique, la langue et le théâtre*. Paris: Gallimard, 1995.

ROWELL, L. *Introducción a la filosofía de la musica: antecedentes históricos y problemas estéticos*. Trad. M. Wald. Barcelona: Gedisa, 1987.

SCHELLING, F.W.J. *La relación de las artes figurativas con la naturaleza*. Trad. A. C. Piñan. Buenos Aires: Aguilar, 1963.

SCHLEGEL, F. *Kritische Ausgabe II*. Ed. H. Eichner. Munique: Ferdinand Schöningh, 1967.

_____. *Conversa sobre a poesia e outros fragmentos*. Trad. V.-P. Stirnimann. São Paulo: Iluminuras, 1994.

SCHOENBERG, A. *Fundamentos da composição musical*. Trad. E. Seincman. São Paulo: Edusp, 1996.

SCHOPENHAUER, A. *O mundo como vontade e representação*. Trad. M. F. Sá Correia. Rio de Janeiro: Contraponto, 2001.

SCHUMANN, R. *Schriften über Musik und Musiker*. Ed. J. Häusler. Stuttgart: Reclam, 1982.

_____. *On music and musicians*. Trad. P. Rosenfeld. Berkeley: University of California Press, 1983.

STRAVINSKY, I., CRAFT, R. *Conversas com Igor Stravinsky*. Trad. S. R. O. Moutinho. São Paulo: Perspectiva, 1999.

SULZER, J. G. *Allgemeine Theorie der schönen Künste III*. Leipzig: Weidman, 1793.*

SZONDI, P. *Poética y filosofía de la historia I*. Trad. F. L. Lisi. Madrid: Visor, 1992.

TATARKIEWICZ, W. *Historia de seis ideas*: arte, belleza, forma, creatividad, mimesis, experiencia estética. Trad. F. R. Martin. Madrid: Tecnos, 1992.

TIECK, L. *Werke I*. Berlin: Deutsches Verlagshaus Bong, s/d.

TOMÁS, L. *Ouvir o lógos: música e filosofia*. São Paulo: Ed. Unesp, 2002.

WACKENRODER, W. H. *Fantaisies sur l'art*. Trad. J. Boyer. Paris: Aubier, 1945.

WAGNER, R. *Beethoven*. Trad. T. Tostes. Porto Alegre: L&PM, 1987.

_____. *Découverte de Schopenhauer*. In: SIPRIOT, P. (Org.). *Schopenhauer et la force du pessimisme*. Paris: Éditions du Rocher, 1988, p.158-160.

_____. *A arte e a revolução*. Trad. J. M. Justo. Lisboa: Antígona, 1990.

_____. *The Art-Work of the future and other works*. Trad. W. A. Ellis. Lincoln: University of Nebraska Press, 1993.

_____. *Oper und Drama*. Stuttgart: Reclam, 2000.

_____. Bericht über die Aufführung der neunten Symphonie von Beethoven. *Gesammelte Schriften und Dichtungen*. 2.Band. Leipzig: C.F.W. Siegel, s/d. (p.50-64)

WEBERN, A. *O caminho para a música nova*. 2.ed. Trad. C. Kater. São Paulo: Novas Metas, 1984.

WERLE, M. A. *Winckelmann, Lessing e Herder*: estéticas do efeito? *Trans/Form/Ação*. v.23, p.19-50, 2000.

Bibliografia

BAILACHE, P. *Leibniz et la théorie de la musique*. Paris: Klinksieck, 1992.

BARASH, J. La place de la musique dans l'esthétique de Kant. *L'Esprit de la musique*. Paris: Klincksieck, 1992. p.217-24.

BAUMGARTEN, A. *Estética*: a lógica da arte e do poema. Trad. M. S. Medeiros. Petrópolis: Vozes, 1993.

BEAUFILS, M. *Comment l'Allemagne est devenue musicienne*. Paris: Robert Laffont, 1983.

BILLROTH, T. *Wer ist musikalisch?* 3.Aufl. Berlin: Paetel, 1898.

BLOCH, E. *Sujeto-Objeto:* el pensamiento de Hegel. Trad. W. Roces. Madrid: Fondo de Cultura Económica, 1982.

BONDS, M. E. *Wordless Rhetoric: musical form and the metaphor of the oration*. Cambridge, MA: Harvard University Press, 1991.

BRAS, G. *Hegel e a arte:* uma apresentação da estética. Trad. M. L. Borges. Rio de Janeiro: Jorge Zahar, 1990.

BRAUN, L. A propos d'Eduard Hanslick: la forme et le fond en musique. In: *Musique et philosophie*. Strasbourg: Univ. des Sciences Humaines, 1987. p.101-15.

BURKE, E. *Uma investigação filosófica sobre a origem de nossas ideias do sublime e do belo*. Trad. E. A. Dobránszky. Campinas: Papirus; Editora Unicamp, 1993.

CACCIOLA, M. L. O conceito de interesse. *Cadernos de Filosofia Alemã*, v.5, p.5-15, 1999.

192 MÁRIO VIDEIRA

CAZNÓK, Y. B. *Música:* entre o audível e o visível. São Paulo, 2001. Tese (Doutorado em Psicologia Social) – Instituto de Psicologia, Universidade de São Paulo.

COMTE, A. *Curso de filosofia positiva.* São Paulo: Abril, 1973. (Os pensadores, 33).

COURT, R. Musique et expression ou le pouvoir de la musique. *L'Esprit de la musique.* Paris: Klincksieck, 1992. p.227-53.

D'ALEMBERT, J. L. R. *Discours préliminaire de l'Encyclopédie.* Paris: Armand Colin, 1919.

DESCARTES, R. *Discurso do Método; Meditações.* Trad. J. Guinsburg e B. Prado Jr. São Paulo: Abril, 1983.

_____. *Abrégé de musique.* Ed. e trad. F. Buzon. Paris: PUF, 1987.

DIDEROT, D. *Oeuvres esthétiques.* Paris: Garnier, 1976.

_____. Musique. In: *Oeuvres complètes.* Tome XIX. Paris: Hermann, 1983.

DUARTE, R. (Org) *Belo, sublime e Kant.* Belo Horizonte: Editora da UFMG, 1998.

DUFOURT, H. Du Romantisme à la période contemporaine: formalisme et subjectivité de la musique moderne. *Musique et Philosophie.* Paris: Centre National de Documentation Pédagogique, 1997. p.135-51.

EINSTEIN, A. *Music in the romantic era.* New York: W. W. Norton, 1975.

EPPERSON, G. *The musical symbol:* a study of the philosophic theory of music. Ames: The Iowa State University Press, 1969.

GETHMANN-SIEFERT, A. Die Ästhetik in Hegels System der Philosophie. In: PÖGGELER, O. (Org.) *Hegel: Einführung in seine Philosophie.* Freiburg/ München: Verlag Karl Alber, 1977. p.127-49.

GILSON, E. Plaidoyer pour Beckmesser. *Revue Internationale de Philosophie,* v.68-69, p.161-82, 1964.

GIORDANETTI, P. *Kant e la musica.* Milano: CUEM, 2001.

GOEHR, L. *The imaginary museum of musical works:* an essay in the philosophy of music. New York: Oxford University Press, 1994.

GRIMM, J. *Über den Ursprung der Sprache.* Wiesbaden: Im Insel-Verlag, 1958.

GUILLERMIT, L. *Critique de la faculté de juger esthétique de Kant.* Paris: Pédagogie Moderne, 1981.

HELMHOLTZ, H. *Die Lehre von den Tonempfindungen.* Hildesheim: G. Olms, 1968.

HERBART, J. F. *Introduzione alla Filosofia.* Trad. G. Vidossich. Bari: Gius. Laterza & Figli, 1927.

HUMBOLDT, W. *Sobre la diversidad de la estructura del lenguage humano y su influencia sobre el desarrollo espiritual de la humanidad*. Trad. A. Agud. Barcelona: Anthropos, 1990.

HUME, D. *Do padrão do gosto*. Trad. J. P. G. Monteiro e A. M. D'Oliveira. São Paulo: Nova Cultural, 1999.

KIVY, P. *The fine art of repetition*: essays in the philosophy of music. Cambridge: Cambridge University Press, 1993.

KREMER, J.-F. *Les grandes topiques musicales*. Paris: Méridiens Klincksieck, 1994.

_____. *Les formes symboliques de la musique*. Paris: Méridiens Klincksieck, 1984.

KULENKAMPFF, J. Musik bei Kant und Hegel. In: *Hegel-Studien*. Bd.22, p.142-164, 1987.

_____. Do gosto como uma espécie de *sensus communis*, ou sobre as condições da comunicação estética. In: ROHDEN, V. (Org.). *200 anos da Crítica da faculdade do juízo de Kant*. Porto Alegre: Ed. da Universidade/UFRGS/Inst. Goethe/ICBA, 1992a, p.65-82.

_____. A lógica kantiana do juízo estético e o significado metafísico do belo na natureza. In: ROHDEN, V. (Org.) *200 anos da Crítica da faculdade do juízo de Kant*. Porto Alegre: Ed. da Universidade/UFRGS/Inst. Goethe/ICBA, 1992b, p.9-23.

_____. A estética kantiana entre antropologia e filosofia transcendental. In: DUARTE, R. (Org.).

Belo, sublime e Kant. Belo Horizonte: Ed. UFMG, 1998, p.36-53.

_____. A chave da crítica do gosto. *Studia Kantiana*. v.3, n.1, p.7-28, 2001.

LA ROCCA, C. Forme et signe dans l'esthétique de Kant. In : PARRET, H. (Ed.) *Kants Ästhetik*. Berlin : Walter de Gruyter, 1998.

LEBRUN, G. *Kant e o fim da metafísica*. Trad. C. A. R. Moura. São Paulo: Martins Fontes, 1993.

MEYER, L. B. *Emotion and meaning in music*. Chicago: University of Chicago Press, 1956.

MILA, M. *L'esperienza musicale e l'estetica*. 8.ed. Torino: Einaudi, 2000.

NATTIEZ, J.-J. *Music and Discourse: toward a semiology of music*. Trad. C. Abbate. Princeton, NJ: Princeton University Press, 1990.

OLIVIER, A. Les expériences musicales de Hegel et leur théorisation dans les cours d'esthétique de Berlin. *Musique et Philosophie*. Paris: Centre National de Documentiation Pédagogique, 1997. p.79-111.

194 MÁRIO VIDEIRA

_____. Das Musikkapitel aus Hegels Ästhetikvorlesung von 1826. In: *Hegel-Studien.* Hamburg: Felix Meiner, v.33, p.9-52, 1998.

PACE, E. K. Towards an interpretation of Eduard Hanslick's philosophy of musical language and a reevaluation of his 'formalism'. In: 22º Encontro Anual da Society for Music Theory in Atlanta, Georgia, 12 nov.1999.

PALISCA, C. V. *Baroque Music.* Englewood Cliffs, NJ: Prentice Hall, 1981.

PANOFSKY, E. *Idea:* a evolução do conceito de belo. Trad. P. Neves. São Paulo: Martins Fontes, 1994.

PAREYSON, L. *Os problemas da Estética.* Trad. M. H. N. Garcez. São Paulo: Martins Fontes, 1989.

PAYZANT, G. Hanslick on music as product of feeling. *The Journal of Musicological Research,* v.9, p.133-67, 1989.

PIANA, G. *A filosofia da música.* Trad. A. Angonese. Bauru: Edusc, 2001.

PÖGGELER, O. Hegel und Heidelberg (3. Musik als romantische Kunst). In: *Hegel-Studien.* Bd.6, 1971. p.92-99.

RICHTER, J.-P. *Vorschule der Ästhetik.* Werke 5.Bd. Berlin: Propyläen, s.d.

RIEMANN, H. *Elementos de Estética Musical.* Trad. E. O. Maury. Madrid: Daniel Jorro, 1914.

_____. *Teoria general de la música.* Trad. A. R. Maneja. Barcelona: Labor, 1932.

ROHDEN, V. (Org.) *200 anos da* Crítica da faculdade do juízo *de Kant.* Porto Alegre: Editora UFRGS; Goethe-Institut, 1992.

ROSEN, C. *A geração romântica.* Trad. E. Seincman. São Paulo: Edusp, 2000.

ROSENFELD, A. (Org.) *Autores pré-românticos alemães.* São Paulo: Herder, 1965.

SABATIER, F. *Miroirs de la musique:* la musique et ses correspondences avec la littérature et les beaux-arts. Paris: Fayard, 1998.

SAMS, E. Eduard Hanslick. In: SADIE, S. *The New Grove dictionary of music and musicians.* London: Macmillan, 1980.

_____. Eduard Hanslick: the perfect anti-Wagnerite. *The Musical Times,* v.116, p.867-8, 1975.

WEISSE, C. H. *System der Ästhetik als Wissenschaft von der Idee der Schönheit,* II.Bd. Hildescheim: G. Olms, 1966.*

WENZINGER, A. Der Ausdruck in der Barockmusik und seine Interpretation. In: WIORA, W. (Org.) *Alte Musik in unserer Zeit.* Kassel: Bärenreiter, 1968.

WINCKELMANN, J. J. *Reflexões sobre a arte antiga.* Trad. H. Caro e L. Tochtrop. Porto Alegre: Movimento, UFRGS, 1975.

Obras de referência

ÄSTHETIK und Kunstphilosophie von der Antike bis zur Gegenwart. Stuttgart: Kröner, 1998.

RIEMANN Musik Lexicon (Sachteil). Mainz: B. Schott's Söhne, 1967.

THE NEW GROVE Dictionary of Music and Musicians. Londres: MacMillan, 1980.

SOBRE O LIVRO

Formato: 14 x 21 cm
Mancha: 23,7 x 42,5 paicas
Tipologia: Horley Old Style 10,5/14
Papel: Off-set 75 g/m² (miolo)
Cartão Supremo 250 g/m² (capa)
1ª edição: 2006
1ª reimpressão: 2012

EQUIPE DE REALIZAÇÃO

Coordenação Geral
Marcos Keith

Edição de Texto
Carina Carvalho (Atualização Ortográfica)

Editoração Eletrônica
Casa de Ideias (Diagramação)

Impressão e acabamento